Pacheco Josue Rodrigues

DEUS EM MISSÃO: A práxis do amor através dos séculos

Pacheco Josue Rodrigues

DEUS EM MISSÃO: A práxis do amor através dos séculos

Transformando vidas

CREDO EDICIONES

Imprint
Any brand names and product names mentioned in this book are subject to trademark, brand or patent protection and are trademarks or registered trademarks of their respective holders. The use of brand names, product names, common names, trade names, product descriptions etc. even without a particular marking in this work is in no way to be construed to mean that such names may be regarded as unrestricted in respect of trademark and brand protection legislation and could thus be used by anyone.

Cover image: www.ingimage.com

Publisher:
CREDO EDICIONES
ist ein Imprint der / is a trademark of
International Book Market Service Ltd., member of OmniScriptum Publishing Group
17 Meldrum Street, Beau Bassin 71504, Mauritius

Printed at: see last page
ISBN: 978-613-2-58514-1

FACULDADE TEOLÓGICA SUL AMERICANA
VALIDAÇÃO DE CRÉDITOS E DIPLOMAS

JOSUÉ RODRIGUES PACHECO

DEUS EM MISSÃO: A PRÁXIS DO AMOR ATRAVÉS DOS SÉCULOS NA RECONSTRUÇÃO DA CRIAÇÃO.

FTSA
JOSUÉ RODRIGUES PACHECO

À **Kely**, pelo seu amor que me inspira.
À **minha família** que em todo o tempo têm me motivado nas conquistas.
À **PIBSI** pelo apoio em todos esses anos.
À **JMM**, a **família Radical** e todos os colaboradores que têm contribuído para a realização deste sonho.
Ao **povo Sussu** e a todos os **meus amigos** que se tornaram fonte de aprendizado em minha vida.
Ao meu **orientador Finley**, **Prof.ª Celeste**, **professores** e **amigos** do **STBSB** que fizeram parte desta história.

À Deus,
minha gratidão, por me permitir ser alvo do seu amor e me tornar participante em sua missão.

Pacheco, Josué Rodrigues

PACHECO, Josué Rodrigues. *Deus em Missão: A práxis do Amor Através dos Séculos na Reconstrução da Criação.* Londrina - FTSA , 2013.

Trabalho de conclusão do curso de VALIDAÇÃO DE CRÉDITOS E DIPLOMAS DA FACULDADE TEOLÓGICA SUL AMERICANA- Londrina - PR

1-Deus. 2-Missão. 3 – Transformação. 4-Criação

PACHECO, Josué Rodrigues. *Deus em Missão*: *A práxis do Amor Através dos Séculos na Reconstrução da Criação.* Londrina - FTSA , 2013.

RESUMO

O presente trabalho versou sobre a criação e alguns caminhos por ela tomados que resultaram na queda e nas graves consequências que ela amarga até hoje em sua trajetória.

Por outro lado também é apresentada a ação de Deus que desde o início se colocara em missão para reverter o quadro de caos em que a humanidade se encontra. Deus em seu projeto de amor, se encarna, vindo à Terra como homem, confirmando assim que sempre esteve presente na história humana e que seu projeto de reconstrução da humanidade é contínuo. A despeito das terríveis e desumanas ações dos seres humanos, contra eles mesmos e contra toda a criação, Deus se revela em Jesus, trazendo uma nova concepção da missão, mostrando que Ele mesmo é seu autor. Deus vem revelando princípios no decorrer da história, um destes é que sua missão é integral e ele quer usar os seres humanos para reconstruir vidas, ao mesmo tempo em que todo o universo seja positivamente transformado.

Este trabalho também versa sobre uma experiência numa aldeia da Rep. Da Guiné, África, onde Deus mostrou que ainda continua em missão e que todos podem fazer parte dela através de seu projeto de amor, Jesus.

SUMÁRIO

1. Introdução

Em todo o processo vivido pela humanidade, surgiram há milênios atrás, provavelmente junto com a própria raça humana personagens que até os dias de hoje servem como inspiradores da sociedade atual na sua busca pelo: "conhecer-se a si mesmo", "ou o problema de se buscar ter conhecimento do bem e do mal", "o auto realizar-se", "a busca pela excelência", "a procura das virtudes".[1] Houston fala de xamãs e feiticeiros, profetas e filósofos, líderes e mestres que estão presentes na realidade humana desde o início de sua história. Nomes como Moisés e Josué, Confúcio e Mêncio, Sócrates e Platão, Hillel e os fariseus. Personagens que configuram esta visão de mestres e se colocavam como modelo pregando uma forma de vida que poderia ser imitada tanto em seus pensamentos quanto em suas ações, na busca por uma forma de viver melhor e encontrar explicações e o sentido para a difícil, e sem resposta, questão existencial humana .

Na história da humanidade sempre se buscou (seja através da religião, da filosofia, da educação, cultura, ou outras formas mais) maneiras e possibilidades de alcançar um nível de maturidade onde as pessoas pudessem viver sua finita experiência terrena de vida com a certeza de que a viveram da melhor maneira possível. Por isso a busca pelo conhecimento, pela sabedoria, pelas virtudes e pela superação sempre foi marca inerente aos seres humanos que em muitos momentos viram suas buscas se tornarem exatamente o contrário daquilo que se buscava.[2]

A história mostra que em muitos casos o homem que buscava conhecimento e sabedoria, se tornou causador da ignorância. Desse modo ele mesmo se mostrou ignorante. Aquele que buscava a virtude por vezes agia contrariamente a elas e trazia opressão para seus semelhantes. Reinos foram instituídos, terríveis guerras foram travadas, ideologias foram pregadas e impostas, sistemas de educação e formação foram e têm sido estabelecidos, tudo isto na tentativa de buscar a paz e uma maneira de se viver melhor. Eventos na história da humanidade como as

---

[1] HOUSTON, James M. *Mentoria Espiritual.* p. 12.

[2] Ibidem, p. 31.

guerras entre os impérios, as cruzadas, a inquisição, a 1° e 2° guerras mundiais, o nazismo, genocídio de Ruanda, guerras no Iraque, 11 de setembro no EUA, mostram claramente a desordem e o caos em que a humanidade vem caminhando .

Hoje depois de tantos milênios de tentativas e experimentos, os seres humanos em sua grande maioria se encontram longe destes objetivos buscados de encontrar a ordem e a paz. Paradoxalmente caminham em total afastamento daquilo que tanto buscaram e continuam a buscar.

> Há no fundo da alma humana a idéia de que alguma estrutura de crenças ou ideologia irá produzir um mundo perfeito. Na modernidade prevaleceu a supremacia da razão. O homem viveu na utopia da ciência e da tecnologia. No lugar de Deus, a modernidade colocou a técnica e a esperança redentora de educação. Sem dúvida, ela trouxe muitos benefícios. No entanto, o homem se cansou dela. A "Terra Prometida" pela modernidade, com o desenvolvimento da ciência e razão, não veio. As utopias de Stalin e Hitler que sonharam em inventar o homem novo e uma sociedade nova acabaram por deixar um banho sangrento de cerca de 100 milhões de mortos. O século XX foi um dos mais sangrentos da História. O banho de sangue se deu no próprio coração da Europa. Foram duas guerras mundiais e o massacre de seis milhões de judeus. O marxismo fracassou como solução, embora suas teses econômicas continuem válidas, apesar do empenho de Karl Marx que disse que não interessava mais interpretar o mundo, mas sim transformá-lo. Nos anos 80, o Terceiro Mundo sentiu na sua própria pele a desumanidade do capitalismo e a hipocrisia religiosa. Nas últimas décadas do século XX, o mundo viu o genocídio em Ruanda, Angola, Kosovo e outros, o massacre da Praça da Paz e o crescimento da violência na América Latina com a proliferação do cartel da droga entre outros.[3]

A realidade atual de extremos sociais vividos pela comunidade mundial, no contraste entre muito-ricos e muito-pobres, bem como, as misérias humanas deploráveis, têm sido causadas pela falta de caráter, de solidariedade, de humildade, de amor ao próximo, domínio próprio, justiça, prudência, temperança e outras virtudes mais. A realidade tem mostrado que embora a situação social do indivíduo, de alguma maneira e em alguns casos, possa influenciar em um melhor ou pior desfrutar de sua existência, essa situação social, seja ela de fartura ou de carência, não é determinante em trazer aos seres humanos a realização e o contentamento pleno, nem o seu oposto de frustração e miséria. Pois pessoas

---

[3] FERNANDES, Tomé. "*Missões hoje num mundo sem fronteiras*". Em: TYMCHAK, Waldemiro. (org). *Missões em um mundo sem fronteiras.* p. 203.

pobres e ricas têm vivido de forma realizada e feliz, assim como também em misérias existenciais onde revelam um profundo nível de desumanização.

Fundamentando-se neste pensamento pode-se refletir que o fator determinante para o sucesso ou insucesso existencial não é a condição social de uma nação ou de uma pessoa. Também não é o nível de avanço científico, ou a falta deste, que faz da humanidade, ou de qualquer indivíduo, seres que serão indiscutivelmente felizes ou tristes.

Em diálogo com a ciência, pode-se utilizar suas afirmativas quando ela diz que " só pode ser verdade aquilo que pode ser cientificamente provado". Por isso mesmo a modernidade, o avanço, a riqueza e a ciência ao se colocarem como solução inquestionável para solucionar todos os problemas humanos, podem e devem ser tomadas como "inverossímeis afirmações". Pois a humanidade tem caminhado por vias de completo insucesso. Os efeitos colaterais do grande avanço tecnológico e cientifico vividos atualmente tem revelado a regressão da humanidade em seus relacionamentos interpessoais, em sua espiritualidade, em sua relação com o planeta e no relacionar-se consigo mesmo. As revoluções industriais, ao mesmo tempo em que trazem conforto para alguns poucos, trazem ainda hoje, escravidão, atraso e fome para outros muitos. Elas também têm contribuído para a rápida degradação do meio ambiente, além de possibilitar a construção de bombas e armas capazes de destruir todo o planeta.

Paralelamente a isto, hoje se vê várias pessoas mundo afora vivendo em pobreza extrema e em meio a tudo isto ainda vivem misérias espirituais, marginalizados, buscando sentido pra vida e depositando toda a esperança de mudança e felicidade no fato de alcançarem o patamar da modernidade, do avanço da ciência e da prosperidade financeira.

As religiões por sua vez também fazem o seu papel em todo o desenrolar do lado negativo da história humana. Apresentam suas diferentes propostas de trazer a paz e de levar seus seguidores a agradarem ao divino, se tornando "pessoas melhores" para por ele ser agraciados. Sabe-se que as religiões por vezes foram as causadoras da miséria de muitos. Em nome da religião e do divino, atrocidades terríveis já se cometeram na história, e religiosamente muita maldade e crimes contra o ser humano são cometidos ainda hoje. A religião que sempre teve lugar na história humana como aquela que tem a proposta de reconstruir o ser humano para melhor se relacionar com o “divino”, tiveram um dos papéis principais no quadro das guerras mundiais e de grandes atrocidades que são cometidas ao longo da história em nome do “divino”. As “santas cruzadas”, “guerras santas” e as inquisições em nome de Deus podem ser o mecanismo ativador de outras guerras mundiais .

Aquilo que muitas religiões tem falado em nome de Deus, nem sempre estão de acordo com os princípios que a Bíblia apresenta. O Deus criador, que originalmente formou o ser humano à sua imagem e semelhança e que viu este ser humano se corromper, é o Deus que o texto Bíblico apresenta como aquele que em nenhum momento desistiu de reconstruir a humanidade.

Através dos séculos e milênios este Deus interage com a humanidade através de pessoas como Abraão, Moisés e muitos outros, usando povos e outros meios mais, para assim trazer seus princípios a humanidade na intenção de resgatá-la do caos em que ela se encontra. É neste processo de recondução do ser humano a ser sua imagem e semelhança para que assim ele possa livrar-se de seu quase certo processo de auto-destruição, que Deus apresenta ao mundo a sua proposta revolucionária, Jesus.

A partir de então Deus se faz homem, para que a humanidade possa ter uma nova oportunidade de ser reconstruída a sua imagem de. Este processo de reconstrução é apresentado por Jesus como o discipulado cristão. Uma proposta de transformação para o ser humano que o insere no ambiente do “Reino de Deus”. Um reino onde o amor se torna a tônica máxima. A nova interação de Deus com a humanidade faz parte de um projeto jamais abandonado. Deus planeja trazer ordem ao caos que se encontra no próprio interior do ser humano e conseqüentemente restabelecer ao máximo a harmonia em todo o universo que sofre por causa de uma humanidade em crise.

Em Jesus experiências impactantes e revolucionárias são vividas. No campo pessoal, pessoas totalmente corrompidas em seus valores são novamente reconstruídas a imagem de Deus. Em Jesus realidades sociais são transformadas, não a partir de guerras, mas através do amor. Discípulos surgem a partir do impacto causado pelo mergulhar neste misterioso, e ao mesmo tempo simples, ato de Deus.

E agora recebem a incumbência de formar outros discípulos de todas as nações (Mt 28:18). [4]

A humanidade tem mais uma vez a oportunidade de ser reordenada. Mas a história mostra que pouco tem se aproveitado daquilo que Deus tem proposto. E mesmo as propostas de Deus têm sido mal apresentadas por aqueles que dizem que a conhecem e a experimentam em sua vida. Em meio a tantas tentativas, crises e desordem, pode a humanidade ser reconstruída a imagem de Deus e se livrar do caos em que se encontra?

Em meio ao caos humano, há ainda a esperança de que vidas transformadas em Jesus se tornem elementos que farão toda a diferença neste processo de reconstrução do mundo integralmente.

> Tornam-se ilhas da verdadeira solidariedade e da vida propriamente dita em meio ao agitado mar das relações em que o pequeno homem nada pode modificar. Aqui o cristianismo pode se tornar o ponto de encontro e de integração e assim certamente desempenhar um fim social.[5]

Frente a todo este caótico quadro vivido pela humanidade que na sua tentativa de ser feliz, cada vez mais se afasta da felicidade tão procurada, as possibilidades ainda não se esgotaram para uma existência melhor. Resquícios de vida feliz ainda se vê em meio ao caos humano, as opções ainda não foram de todo experimentadas. Propostas interessantes e simples são a todo tempo apresentadas como alternativas para reconstrução de pessoas.

A simples experiência vivida numa pequena aldeia de Guiné, no interior da África, revela que pessoas transformadas pelo evangelho, podem, sim, se tornar transformadoras da realidade em que estão inseridas. Bosch afirma que “a missão é entendida como um empreendimento que transforma a realidade... A missão, nesta

---

[4] BÍBLIA. Português. Edição Revista e Atualizada. Trad. João Ferreira de Almeida. A partir deste lócus, todas as citações bíblicas serão desta obra.

[5] MOLTMANN, J. *Teologia da Esperança*, p. 378.

perspectiva, é aquela dimensão de nossa fé que se recusa a aceitar a realidade como esta é e visa transformá-la".[6]

Em suma, é na reconstrução do ser humano que deve estar à esperança de se obter um mundo melhor. Há na história humana provas de que existe uma presença divina mostrando que isto é possível. Um Deus que sempre esteve em missão e que tem como alvo a redenção de tudo aquilo que ele mesmo criou.

2- DEUS EM MISSÃO: DESDOBRAMENTOS INICIAIS DO PROCESSO DE RECONSTRUÇÃO DA CRIAÇÃO.

O mundo de hoje, como sempre em sua história, é povoado por indivíduos em busca de sentido para suas questões existenciais. Na ânsia de encontrar um "propósito" para sua existência no universo o homem trilhou vários caminhos, inovou em seus pensamentos, refutou alternativas e criou muitas outras. Cada vez mais os indivíduos estão mergulhados na falta de sentido e vivendo em meio ao caos que tem lhes trazido dor, desigualdades e frustração.

Em sua antiga e, ao mesmo tempo, atual mensagem a Bíblia traz repostas e propostas para satisfazer as questões humanas e tornar os indivíduos que se auto-destroem em pessoas reconstruídas e regeneradas para viverem de acordo com um propósito original do Deus criador que segundo o relato bíblico "No princípio criou Deus os céus e a terra..." (Gn 1:1), este Deus foi quem iniciou o processo de criação de todo o universo, e Ele criou o homem à sua imagem, "Criou Deus, pois, o homem à sua imagem e semelhança, à imagem de Deus o criou..." (Gn 1:27-28), com o propósito de que o ser humano, Criado à sua imagem, estando em harmonia com Ele, pudesse usufruir de uma vida perfeita. E com ele toda a natureza, que também fora criada pelo mesmo Deus, sendo gerenciada pelo ser humano estaria em perfeita ordem, diferentemente do nível de degradação em que ela se encontra nos dias atuais.

Em seu livro, *O Reino entre nós*, Maurício Cunha e Beth Wood fala sobre os propósitos que Deus tinha na criação. Quando Ele criou todas as coisas, estes propósitos eram para todas as áreas da vida humana e para a criação como um

---

[6] BOSCH, David J. Missão Transformadora: *mudanças de paradigmas na teologia da missão*, p. 11.

todo.[7] Ele mesmo declarou sua intenção de ter comunhão com o homem, de promover relacionamentos entre pessoas, de ver o homem se relacionando de forma correta com a natureza e de ter tudo caminhando dentro da ordem da própria criação. Desse modo a falta de viver estes propósitos, tornou-se a causa geradora da auto-destrutiva caminhada do ser humano no decorrer de sua história.

De acordo com o missiólogo Timóteo Carriker, "O relato da criação do homem e o propósito de Deus para ele, confirmam a idéia de que a preocupação de Deus tem uma dimensão universal." [8] Ele chega a conclusão de que o domínio dado a humanidade, na história da criação, abrange o mundo inteiro e que o homem ao receber a realeza investida por Deus de dominar, sujeitar e ordenar, tem a finalidade assim como o próprio Deus, sendo sua imagem, de reinar sobre a criação como um rei promovendo a paz, ordem e harmonia.[9] Este é um propósito completamente contrastante com a prática que a humanidade vive nos dias atuais.

Desse modo o relato bíblico apresenta que o homem tomou caminhos que contradiziam a proposta original do seu Criador de fazê-lo reinar e viver em harmonia e dentro da mais perfeita ordem com todo o restante da criação. No relato da queda que acontece na segunda metade do capítulo 3 de Gênesis se inicia o processo de afastamento do ser humano dos propósitos originais para os quais fora criado.

O princípio básico que está por trás da queda do ser humano é que ele tenta se emancipar de Deus e recusando-se a ouvir sua voz. Assim quando o homem desviou-se dos propósitos de Deus este afastamento trouxe conseqüências em quatro áreas básicas que são: espiritual, relacional, física e sabedoria.[10] De acordo com este raciocínio na área espiritual foi rompida a comunhão do homem com Deus, deduz-se que daí vem tanta falta de sentido em relação a sua existência, algo que o aprisiona até os dias atuais. Na área relacional a queda trouxe o desentendimento e a desconfiança mútua, que sempre estão presentes na história da humanidade gerando vazio, dor e sofrimento através dos conflitos e guerras. Já na área física a harmonia proposta para o homem e a natureza foi quebrada, gerando a degradação

---

[7] CUNHA, Maurício J. S.; WOOD, Beth A.; *O Reino entre nós*. p.10

[8] CARRIKER,Timóteo. A visão missionária na Bíblia. p. 18.

[9] Ibidem, p. 19.

[10] CUNHA, Maurício J. S.; WOOD, Beth A.. op. cit., p. 25.

do planeta e da vida. Por fim na área da sabedoria a humanidade perdeu-se das diretrizes dadas por Deus. Embora com toda a gama de conhecimento e avanços alcançados, a humanidade longe dos propósitos originais do Criador, caminha a passos largos para um colapso.

No livro de Deuteronômio, Deus apresenta ao povo princípios de governo e de leis em um sistema jurídico onde a justiça pudesse ser a base para todos; neste mesmo livro de Deuteronômio são apresentados mecanismos estruturais para garantir igualdade e justiça. Deus ainda os discipula a respeito da saúde dizendo que a higiene precisava ser mantida. Eles precisavam primar pela limpeza, pureza e assim vários princípios de saúde foram, há muito tempo, ensinados para a humanidade por Deus que se revelava interagindo com o ser humano. Era assim um processo divino de reconstrução de um povo para que este pudesse ter novamente a sua imagem, e através dele abençoar todas as famílias da terra (Gn 12).

Ao refletir-se sobre o relato bíblico, observa-se que, embora a humanidade ainda viva a procurar sentido e propósitos, a Bíblia direciona esta questão para um entendimento da razão dessa busca. Ela apresenta que em um período inicial o ser humano foi criado com um propósito que foi quebrado por ele próprio. Enquanto este não buscar retornar ao seu estado original, de imagem de Deus, permitindo que O próprio Deus o direcione nesta busca, continuará com suas eternas questões a procura de sentido e em sua caminhada de auto-destruição. Desta forma é revelado, já no início da bíblia, que houve um período em que o ser humano viveu em estado de harmonia com o divino, consigo mesmo, com o próximo e com a natureza. Fazendo assim, jus a imagem segundo a qual fora criado, a imagem de Deus.

> Também disse Deus: Façamos o homem à nossa imagem, conforme a nossa semelhança; tenha ele domínio sobre os peixes do mar, sobre as aves dos céus, sobre os animais domésticos, sobre toda a terra e sobre todos os répteis que rastejam pela terra. [27] Criou Deus, pois, o homem à sua imagem, à imagem de Deus o criou; homem e mulher os criou. [28] E Deus os abençoou e lhes disse: Sede fecundos, multiplicai-vos, enchei a terra e sujeitai-a; dominai sobre os peixes do mar, sobre as aves dos céus e sobre todo animal que rasteja pela terra. [29] E disse Deus ainda: Eis que vos tenho dado todas as ervas que dão semente e se acham na superfície de toda a terra e todas as árvores em que há fruto que dê semente; isso vos será para mantimento. [30] E a todos os animais da terra, e a todas as aves dos céus, e a todos os répteis da terra, em que há fôlego de vida, toda erva verde lhes será para mantimento. E assim se fez. [31] Viu Deus tudo quanto fizera, e eis que era muito bom. Houve tarde e manhã, o sexto dia (Gn 1:26-31).

O texto bíblico apresenta Deus como aquele que cria, que dá autoridade e o direto de escolha ao ser humano. E este, por fim, acaba por fazer mau uso desse direito de escolha e opta por uma caminhada contrária àquela que produziria ordem no mundo. Mas em meio a tudo isto o Deus Criador, ao ver o ser humano mergulhado no caos, por causa de sua própria má escolha, vai propor e trazer ao mundo uma oportunidade de ser reconstruída e assim reconduzida aos seus propósitos originais. E no decorrer da história bíblica é notória a ação de Deus em sua busca pela reconstrução de indivíduos transformando-os em pessoas conforme a sua imagem. É neste processo que se revela o discipulado de Deus para com a humanidade, de reconduzi-la novamente a ser sua imagem e semelhança.

2.1. ABRAÃO E SEUS DESCENDENTES COMO PARTICIPANTES DO PROJETO DIVINO.

Através da história de Abraão e sua descendência, Israel, pode-se descobrir a respeito do agir de Deus que tudo planejou e criou desde o início. É com Abraão que novamente Deus se mostra na história fazendo-lhe promessas diretas, mas que diziam respeito a todo o mundo. Carriker escrevendo sobre a criação do mundo dentro da visão missionária na Bíblia, assim reflete:

> O primeiro versículo da Bíblia destaca a amplitude da preocupação de Deus e, por conseguinte, o palco de missões- “os céus e a terra”. o Mundo está dentro da esfera do interesse de Deus. Sua preocupação é primariamente universal. Antes de ser o Deus de Israel ele já era o Deus do universo.[11]

A intenção de Carriker no decorrer de seu livro é revelada em suas reflexões ao mostrar a visão universal de Deus. Mais a frente, em seu texto, ele traz algumas questões em relação à escolha de Abraão e sua descendência por parte de Deus,

---

[11] CARRIKER,Timóteo. op. cit., p.17.

refletindo se essa escolha e promessa feita a Abraão entra em confronto com a visão universal de Deus. E é assim que ele coloca essas questões:

> Se a preocupação de Deus permanece essencialmente universal ao longo de toda a Bíblia, por que, na nossa leitura das Escrituras se dá tanta atenção a uma história específica: a história de Israel no Antigo Testamento e à história da igreja no Novo Testamento? Por que não lemos mais sobre a história de outros povos maiores e mais poderosos, que viviam nas mesmas épocas? Por que não lemos muito mais sobre os egípcios, os assírios, os babilônios, os sumérios, os gregos e os romanos? E por que nada lemos dos grandes povos chineses e hindus, de outros povos asiáticos, dos grandes impérios africanos, para não falar das grandes e antigas civilizações das Américas? [12] .

Em suma, Carriker mesmo traz a resposta para suas questões definindo que Deus tem um propósito maior em relação ao mundo todo. É através de um povo que todo o mundo será abençoado e em momento nenhum as promessas feitas a Abraão e sua descendência representam uma mudança nos planos de Deus. Ao separar um povo é através dele que Ele deseja abençoar "todas as famílias da terra" (Gn 12:3).

Friesen afirma que o propósito de Deus em formar o povo de Israel era o de ser uma nação missionária. Ao chamar Abraão, Deus tinha missões no coração. Ele continua afirmando que as nações em redor se admiravam do agir de Deus na vida dos patriarcas, e isto continuou maravilhando as nações enquanto Deus fazia coisas extraordinárias na vida de Israel. Este agir era tanto para abençoar o povo como para Deus mostrar-se ao mundo como aquele que ainda tinha propósitos para a humanidade, e que desta forma:

> "os povos eram atraídos ao povo de Israel, pois viam que o Deus deste povo era diferente: um Deus de poder, mas também um Deus de amor e perdão. Em toda história de Israel, pessoas de outras nações se juntavam ao povo de Israel e desfrutavam das bênçãos deste povo"[13]

---

[12] CARRIKER,Timóteo. op. Cit., p. 23.

[13] FRIESEN, Heinrich. "Missões no coração de Deus". Em: TYMCHAK, Waldemiro.(org). op. cit., p.31.

Já a autora Landa Cope traz o conceito de "Discipulado de Nações", referindo-se à ação de Deus ao preparar um povo em sua jornada da escravidão para a grandeza. Ela desenvolve a idéia de que há um testemunho deixado por Deus como guia para que através de muitas décadas se alcance o objetivo de se discipular uma nação. Isto se torna possível através dos princípios mostrados por Deus com o povo de Israel que, "é o modelo do Antigo Testamento em como se discipular uma nação."[14] Baseado neste conceito é feito um estudo do Antigo Testamento na busca para se encontrar ensinamentos deixados por Deus sobre cada área de influência na sociedade. Buscou-se, então, nas Escrituras, conselhos de Deus para cada uma dessas áreas de: governo, economia, família, ciência, saúde e tecnologia, artes e entretenimento, comunicação, educação e o trabalho da igreja. Depois do estudo feito concluiu-se que não seria necessário nem lógico que se reproduzisse a mesma forma de governo de Israel em outra nação, mas sim a utilização e aplicação dos mesmos princípios.

Em meio a esta ação de construção de um povo é revelado um discipulado de uma nação que viveu uma transformação, e por meio da qual Deus estava em processo de discipulado de outras nações. A interação de Deus com a humanidade é revelada através do testemunho deixado, do relacionamento do Criador que se importa com o ser humano corrompido e que por causa da queda já não é mais a pura imagem e semelhança de Deus. Landa Cope procura deixar bem claro o fato de que o discipulado de Deus com Israel é história:

> Aconteceu no tempo e no espaço com pessoas de verdade, com uma nação de verdade. Se Deus fez uma vez, Ele pode fazer novamente. As verdades de Deus, se aplicadas, podem e conseguem transformar comunidades e nações. Se Deus pode desenvolver estes pobres judeus em uma grande nação, Ele pode fazê-lo com qualquer outra nação que existe em qualquer época porque nenhuma comunidade ou nação neste mundo de hoje se encontra em situação pior do que os Israelitas se encontravam no deserto. A pergunta é :como?[15]

A maneira como Deus trabalha com o povo de Israel em sua história, apresenta os seus métodos de discipulado e construção de um povo, ou reconstrução de

---

[14] COPE, Landa. "O Modelo Social do Antigo Testamento para Discipular as Nações". Em: *Venha o Teu Reino.* STIER, J.; POOR, R.; ORVIS, L. (org). p. 44.

[15] COPE, Landa. op. Cit., p. 44.

indivíduos, tornando-os aquilo que prometera a Abraão, uma grande nação. Vê-se no decorrer do caminho que o agir discipulador divino tanto abrange o aspecto coletivo como também o individual. Deus trabalha discipulando o povo como um todo ao mesmo tempo em que trabalha com as pessoas individualmente. Lehmann discorre sobre isso quando fala de discipulando as nações. Ela traz o complemento para esse conceito de que as pessoas que saem em missão para discipular as nações do mundo, precisam aprender a discipular as pessoas do mundo, uma de cada vez. [16] Pois foi desta forma que Deus deixou o seu testemunho de discipulado, já muito antes mesmo da vinda de Jesus como homem.

Deus ao mesmo tempo em que tratava com todo o Israel, tornando-o povo peculiar e nação separada, também agia individualmente na vida das pessoas. Um bom exemplo é o que Ele fez com Abraão, transformando-o num homem de fé ou com todos os patriarcas que foram testemunhos para a humanidade da intenção de Deus de fazer parte da história humana.

2.2. MOISÉS E ISRAEL: O ASPECTO INDIVIDUAL E O COLETIVO DA MISSÃO.

Outro exemplo do interagir de Deus com a humanidade é encontrado na caminhada com Deus feita por Moisés ao longo de sua vida e a maneira como Deus tratava com ele particularmente, discipulando e reconstruindo-o a sua imagem. Como se vê na história de Abraão, o processo discipulador de Deus vai se configurando a partir de promessas e alianças e o mesmo se dá na vida de Moisés e do povo. Deus propõe ao povo uma aliança de que obedientemente eles venham aceitar o papel de se tornarem povo peculiar dele.[17] Carriker se referindo a Ex 19.6 e I Pe 2.9, diz que Israel como povo peculiar e separado cumpriria sua função sacerdotal entre todos os povos representando Deus e intercedendo pelos povos. Isto foi formalizado através de Moisés que foi preparado desde a infância sobrenaturalmente com fatores que o tornariam um candidato a ser usado para a

---

[16] LEHMANN, Danny. "Discipulando as Nações - Um Discípulo de Cada Vez". Em: STIER, J.; POOR, R.; ORVIS, L. (org). op. cit., p. 238.

[17] CARRIKER,Timóteo. op. Cit., p. 39.

realização desta tarefa de viver com o povo esta experiência transcendental e de fazerem parte da história da humanidade de uma forma tão marcante.

Em Êxodo se encontra a forma como Deus preparou toda a história de Moisés. Os capítulos 1 e 2 mostram como Moisés não compreende bem o propósito da sua vida e erroneamente procura acertar uma situação de injustiça a seu modo, modo este que não estava em harmonia com a maneira de Deus agir. Moisés, antes de poder guiar um povo, que serviria de testemunho, sacerdócio e discipulador das nações, primeiramente precisava ser discipulado e reconstruído segundo os valores do Criador, e não os valores vigentes em sua época. Moisés precisou ser reconstruído a imagem de Deus. "Moisés não era capaz de demonstrar a justiça de Deus e de libertar Israel. Foram-lhe necessários 40 anos de aprendizado. Êxodo 3 a 18 registra a maneira como Deus libertou, chamou e equipou Moisés para a tarefa que ele tinha a sua frente." [18]

Moisés não poderia viver o que viveu sem antes viver o discipulado e a reconstrução que o próprio Deus preparou. O trabalho de Deus na vida de Moisés é deixado como testemunho para o povo naquela época e nos dias atuais. Ele é o Deus que reconstrói vidas e as prepara para que através dela a humanidade também venha a ser reconstruída. É através de um Moisés que passou pelo discipulado e reconstrução de Deus que é reconstruída a nação de Israel, para que através dela outras nações também o sejam.

O discipulado de Deus é de relacionamento, é em meio as experiências que ele vai moldando o caráter de Moisés que vai aprendendo diretamente do próprio Deus a respeito de quem Deus é, o seu perdão, sobre misericórdia, pureza, santidade, justiça, obediência . E dessa forma Moisés é preparado para ser um instrumento pelo qual Deus discipulará Israel para que através de Israel possa trazer a possibilidade para o mundo todo ser discipulado e reconstruído.

> O trabalho de Moisés era discipular uma nação. Era ensinar um povo que havia sido escravo por mais de 300 anos como formar e administrar sua nação. Moisés tinha que ensinar a Israel os princípios de Deus sobre governo, economia, família, igreja e todas as outras áreas da sociedade que

---

[18] FERNANDES, Tomé. "Missões no Antigo Testamento". Em: TYMCHAK, Waldemiro. (org). op. cit., p. 61.

Deus entregara ao domínio humano ele teve 40 anos no deserto para fazê-lo e ele tinha tudo por escrito.[19]

Além desse exemplo claro do discipulado de Moisés que é rico em detalhes no registro bíblico, outras experiências importantes também foram vividas por outras pessoas, como o discipulado de Josué por Moisés que através da convivência e do estar juntos, Josué foi sendo preparado para ser o sucessor de Moisés e trabalhar no discipulado de Israel (Dt. 31) .

Na ação de discipulado veterotestamentária de Deus percebe-se que o objetivo divino não é algo para uma salvação só futurística. Deus tinha planos práticos e objetivos definidos de discipular pessoas individualmente e também nações coletivamente pra que eles vivessem uma realidade transformada para a melhor. " A salvação não tem apenas uma dimensão pós-histórica, mas, também, uma realidade na presente história. Salvação tem implicações para nossa vida física, econômica e social aqui na terra." [20] Aqueles que fossem alcançados, de alguma maneira, por essa ação discipuladora iniciada no coração do próprio Deus deveriam "viver uma ética pessoal e individual assim como social.... Israel tinha responsabilidades éticas e teocêntricas no serviço que incluía ser uma comunidade sacerdotal."[21] Em sua missão de discipuladora de nações, Israel tinha a responsabilidade e o privilégio de ajudar as nações a encontrarem o verdadeiro propósito de existirem conforme foi revelada por Deus nas escrituras pra que elas pudessem encontrar ordem, harmonia e sentido existencial verdadeiro. Israel assim serviria como canal de Deus para o mundo.

Desse modo através do seu serviço na história humana Israel deveria levar as nações a terem Deus como centro de sua existência. "Quando o serviço é teocêntrico, reflete a " Missio Dei", a Salvação holística, i.e, dimensão vertical da salvação, a salvação do ser humano do pecado" e dimensão horizontal " a condenação e remoção dos pecados estruturais e sociais. [22]

---

[19] COPE, Landa. op. Cit., p. 41.

[20] FERNANDES, Tomé. op. cit., p. 61.

[21] Ibidem, p. 55.

[22] Ibidem, p. 55.

Em Levítico 25 ocorre um bom exemplo de como através das leis Deus tanto refletia o seu caráter como mexia com as estruturas sociais afim de recriar uma sociedade onde a ordem e a harmonia pudessem ser objetivos buscados. Deus discipula Israel lhe dando a lei do jubileu, uma lei que refletia o caráter compassivo e de salvação de Yahweh. "O Jubileu era uma lei econômica para ajudar a humanização das famílias fracas e pobres através da libertação das dívidas a cada 50 anos. A cada 50 anos famílias que tinham dívidas hipotecárias eram consideradas livres." [23] Desta forma, através de uma lei discipuladora, acontecia a devolução de terras para aqueles que as tinham vendido por necessidade, assim como a libertação de escravos. Deus ensina a Israel que ele é um Deus presente e participante de sua história. Ele traz uma revolução social libertadora e produz a possibilidade de remoção dos pecados de uma estrutura que nem sempre é justa para todos.

As nações ao olharem para este evento e seus efeitos, de certo são discipuladas e podem aprender daí, princípios que produzem ordem e harmonia.

O discipulado divino de nações sempre foi feito em harmonia com o discipulado de pessoas, uma de cada vez. São esses , princípios para reordenação do mundo em caos. Na história do Antigo Testamento Deus cria todas as coisas, ele discipula pessoas individualmente, ele discipula uma nação trazendo ensinamentos, e um caminho mais ordenado, e ele discipula o mundo através desta nação que teve a promessa de ser benção para todas as nações da terra. Ele faz isto tornando conhecido no mundo quem é o Deus de Israel e a forma como Ele se relaciona com os seres humanos, que mesmo sendo escravos, ele os liberta transformando-os numa grande nação.

No texto Bíblico é mostrado o princípio de que mesmo o mundo estando totalmente em meio ao caos existencial, Deus pode o reconduzir a ordem, pois foi este o seu propósito original para a humanidade.

2.3. A PLENITUDE DOS TEMPOS - A AÇÃO DE DEUS NA HISTÓRIA

---

[23] Ibidem, p. 63.

A leitura de Paulo a respeito do momento histórico vivido nos tempos da vinda de Jesus mostra claramente Deus como aquele que tem o papel principal em todo o enredo da história humana. Em Gl 4:4-5 Paulo usou o termo "plenitude dos tempos", referindo-se ao ponto da história preparado por Deus e por Ele utilizado para trazer ao mundo sua principal oportunidade de redenção da humanidade. Aramis de Barros cita o dr. Justo González que reconhece que:

> Essa plenitude do tempo não significa que o mundo estava pronto para se tornar cristão, não quer dizer que o mundo iria a partir de então ser totalmente reordenado e redimido, mas sim que Deus continuava a agir em toda a história ...[24]

Deus usou vários elementos e momentos para enviar o seu Filho ao mundo e este era um momento propício para tudo o que Jesus fez e viveu. Assim como os discípulos e todos aqueles que foram envolvidos pelo evento Jesus, que mudou a história da humanidade. O século anterior e o posterior a vinda de Cristo revelam uma combinação de fatores que se tornaram situações chaves para tudo o que aconteceu na história.

Neste período um fator que foi utilizado por Deus para que as nações pudessem ouvir, serem alcançadas pelo Evangelho e pudessem ser formados discípulos de todas as nações, foi a língua grega. No século IV a.C., Alexandre idealizou exportar a cultura grega visando expandir o seu vasto império. Os seus soldados que saiam invadindo territórios em várias batalhas falavam uma variante do grego clássico, chamada de Koinê. Através deles e também de comerciantes e viajantes esta língua foi disseminada por toda a bacia do Mediterrâneo.[25]

A história do povo judeu denuncia a forma etnocêntrica como se encaravam como nação e como se precaviam de serrem contaminados por qualquer outra cultura. Observando a trajetória deste povo, percebe-se o quanto eles eram avessos a qualquer tipo de influência estrangeira. Mas em relação a língua grega não houve como não serem influenciados, e no período do nascimento do cristianismo muitos judeus já haviam adotado o grego como língua a ser utilizada na vida cotidiana,

---

[24] GONZÁLEZ, Justo. apud DEBARROS, Aramis C. *Doze homens, uma missão*. p. 29.

[25] DEBARROS, op. cit., p. 21.

tanto muitos que viviam na "terra santa" como os da "dispersão". Mesmo no período em que o Império Romano estava em seu ápice, o grego e a influência helênica eram uma realidade. [26]

Por outro lado o Latim, a língua romana, também era utilizado em algumas regiões do império neste período. E é assim que nesse ambiente histórico essas duas línguas são usadas pra que o Evangelho fosse expandido e pessoas das mais diferentes nações pudessem ser alcançados por sua mensagem. Aramis Debarros afirma que "o mundo apostólico, com a predominância do idioma grego e a larga difusão do latim, ofereceu um panorama linguístico indubitavelmente favorável à veloz difusão do evangelho."[27]

O momento que se vivia nesta época era onde o império romano dominava. Dentre outros fatores interessantes que aconteciam então, algo que muito enfatiza esta "plenitude dos tempos" era o momento de relativa paz que reinava neste período. A Pax Romana era um objetivo alcançado por Roma que trouxe "homogeneidade cultural e linguística além de segurança para as viagens, uma preparação ideal para a chegada dos apóstolos missionários.[28]

Embora se saiba das perseguições religiosas, acontecidas com a Igreja primitiva no século I, este momento de Pax Romana é vivido quando as pessoas tinham uma certa segurança e viagens longas podiam ser feitas, permitindo assim um intercâmbio cultural entre pessoas de diferentes regiões. Por isso mesmo muitos dos que já haviam se tornado discípulos, tinham a oportunidade de testemunharem em terras distantes e espalharem esta nova mensagem do amor de Deus.

> Os Romanos criaram um ótimo sistema de estradas que iam do marco áureo no fórum a todas as regiões do Império... As estradas romanas e as cidades estrategicamente localizadas às margens dessas estradas foram uma ajuda indispensável na concretização da missão de Paulo.[29]

---

[26] Ibidem, p. 22.

[27] Ibidem, p. 23. .

[28] Ibidem, p. 18.

[29] CAIRNS, Earle E. *O cristianismo através dos séculos*. p. 30.

Esta facilidade de deslocamento, aliada ao fator de contatos entre culturas, tornou-se importante para que os novos princípios revelados do Reino de Deus pudessem transpor barreiras culturais. Desse modo as dificuldades que os judeus tinham de entender o caráter universal das promessas de Deus, foram sendo quebradas através de fatores como este que levavam a humanidade como um todo a ser atingida pelo plano divino.

A dispersão ou Diáspora, que serve para denominar o movimento populacional de judeus que viviam em terras estrangeiras, é notadamente visto como grande contribuinte para esse caráter universal da "missão de Deus". Eram milhares de judeus que a partir do séc. VI a.C. foram espalhados por terras estrangeiras permitindo assim que de certa forma outras nações tivessem um mínimo de conhecimento do Deus de Israel. Mesmo não sendo a sua intenção, o povo judeu que vivia em terras estrangeiras acabaram por adotar a língua grega o que torna-se um fator importantíssimo no processo de discipulado, aprender a língua daquele que se quer alcançar. Certo é que os judeus jamais tiveram este propósito, de aprender as línguas das nações ao seu redor, ou nas quais estavam inseridos, como instrumento para compartilhar as verdades de Deus com elas. Mas pode-se concluir que o próprio Deus já tinha isto em seus propósitos. [30]

Ao buscar-se na história fatores racionais que justifiquem a influência do povo judeu na trajetória da humanidade, poucas são as explicações que se podem encontrar. Bultmann apresenta a conclusão que este povo, no momento da atuação de Jesus, tinha sua vida política definitivamente desestruturada e arrasada pelo domínio Romano. Ele continua afirmando que era um povo sem grandes projeções nas áreas da ciência, arte e direito. Um povo que embora tivesse algumas qualidades, era um povo "cuja existência não se constitui daquilo que preenche a vida dos demais povos da terra."[31] Enfim um povo que pela lógica da razão não era pra ter nenhuma influência significativa na história mundial.

Aramis DeBarros fala da relevância de se constatar que no período apostólico haviam mais judeus em terras estrangeiras do que em seu próprio país. E foi para manter o vínculo destes judeus, que se encontravam em terras estrangeiras, com Deus e com a cultura judaica que foi criada a sinagoga.

---

[30] DEBARROS, Aramis C. op.cit., p. 23.

[31] BULTMANN, Rudolf. *Jesus*. p. 33.

> Tendo se espalhado pelos mais variados lugares... essa instituição tornou-se fonte de notável influência sobre o mundo gentílico- envolto na mais crassa idolatria- aproximando muito de seus da mensagem monoteísta dos judeus que trazia em seu bojo um sistema ético e moral muito superior ao conhecido e apregoado pela cultura pagã. Nas sinagogas, os judeus da dispersão, assim como os prosélitos e simpatizantes dentre os gentios, disseminavam, com grande ardor, a esperança messiânica, colaborando para a familiarização do mundo greco-romano com a mensagem apostólica.[32]

O povo judeu, sem compreender a extensão da promessa feita a eles, procurava se defender das influências estrangeiras, levando para seu local de exílio a sua experiência com o divino e sua cultura como uma forma de manter sua identidade nacional. Mas o que Deus queria era que eles entendessem o seu papel de serem testemunho vivo da presença de dEle entre as nações. Ao que parece, o povo não compreendeu isto. Eles preservavam sua religiosidade como uma forma de mostrar-se diferente dos outros povos. Eles preservavam o que Deus lhes ensinara em seu discipulado com o entendimento de serem povo exclusivo de Deus e não tinham consciência da missão discipuladora de se tornarem luz para todas as nações. Mas em meio a toda esta equivocada motivação, de uma maneira surpreendente Deus manifestava a sua presença as nações através do povo judeu.

Vários conceitos vividos nesta época contribuíam para que muitas pessoas de diferentes nações fossem discipuladas mesmo antes de virem a se tornar cristãs. Alguns desses conceitos preparou a mente e os corações das pessoas daquela época para facilitar a aceitação do projeto divino. "A idéia de um soberano absoluto concretizado com o poder dos césares contribuiu para uma clara compreensão do Deus anunciado pelos apóstolos, já que o Messias era apresentado como rei supremo e universal" .[33] E mesmo o processo de decadência das religiões dos outros povos que foram conquistados por Roma que não conseguiram resistir a política de sincretismo religioso estimulado por Roma. Um período de extrema confusão religiosa onde as nações perdiam a fé em seus deuses e viviam um vazio espiritual . Aramis DeBarros relata que:

---

[32] CAIRNS, Earle E. op. cit., p. 24.

[33] DEBARROS, Aramis. op. cit., p. 19.

> A desilusão com a multiplicidade de deuses do panteão romano somado a uma crescente busca pelo espiritual, estimulou o surgimento de muitas das chamadas religiões de mistério....marcadas pela devoção a deuses de caráter mais pessoal. Algumas dessas religiões , como o culto a Cibele, a Ísis e ao deus Mitra, ainda que representantes do mas vil paganismo, acabaram curiosamente aproximando o cidadão do primeiro século- ainda que sob uma perspectiva corrompida- de alguns conceitos espirituais importantes... tais como o sacrifício vicário, o derramamento de sangue para purificação e a intervenção de um deus-salvador.[34]

Deus de uma maneira soberana reaproveitou muito desses conceitos já vividos então, para através dele revelar-se mais uma vez à humanidade partindo daquilo que eles já possuíam em suas mentes e corações. Em seu agir reconstrutor, Deus faz uso de práticas da sociedade daquela época e utiliza muito daquilo que eles já viviam para assim reconduzi-los por um processo de reaproximação àquilo que originalmente Ele tinha intentado para a humanidade. Nem mesmo um momento de tão grande confusão religiosa foi descartado por Deus em sua totalidade. Pelo contrário, Ele encontrou em meio a toda confusão espiritual pontes possíveis de serem utilizadas para trazer pessoas para uma caminhada existencial que os fizesse estar no processo para novamente ter sua imagem.

Algo que também foi de grande importância neste período considerado como a "Plenitude dos Tempos" foi o sistema filosófico greco-romano. Em seus aspectos positivos, a filosofia contribuiu grandemente na preparação das mentes e de vários aspectos da vida humana para o recebimento de mais um revelar-se de Deus na história da humanidade. A filosofia proporcionou às pessoas que elas desenvolvessem uma cosmovisão diferenciada, expondo-as a um exercício intelectual. A fé e devoção destas pessoas, após um envolvimento com os pensamentos filosóficos, já não se harmonizavam com suas antigas religiões pagãs. A humanidade era, então, desafiada a buscar algo mais e a refletir de uma forma mais profunda as grandes questões e valores da vida.

O Platonismo e o Estoicismo trouxeram à humanidade reflexões a respeito da sabedoria na vida e como esta deveria estar ligada aos valores morais.[35] Embora

---

[34] Ibidem, p. 26.

[35] Idem

levando as pessoas a este nível de reflexão e busca, a própria filosofia era limitada em levar a humanidade a alcançar aquilo que ela apresentava como propósito. Mas é na filosofia que a humanidade se aprofunda em suas reflexões, na busca pelo transcendente, por de alguma forma caminhar em direção a alcançar a sabedoria e valores éticos que pudesse trazer sentido existencial.

Este momento da história é marcado pela contribuição romana com suas muitas construções de estradas, pontes e edifícios que foram de grande valia em todo o movimento divino de utilizar fatores da história para cumprir seus propósitos na humanidade. Mas são os gregos que trazem a contribuição da construção grandiosa de edifícios mentais.[36]

O ser humano atingia assim um nível de reflexão a respeito da vida, que era propício para o que Deus almejou trazer de novo em Sua revelação para a humanidade. A mente humana se encontrava em meio a um processo que facilitaria a compreensão de novos conceitos do Reino de Deus que estavam para serem apresentados a humanidade neste momento da encarnação de Deus.[37] Sócrates e Platão em suas reflexões buscavam uma realidade que não era temporal e material e insistiam na existência de uma realidade espiritual e eterna, cinco séculos antes de Cristo.

Apesar das muitas buscas, reflexões e do grande valor de suas contribuições filosóficas, a certeza de terem alcançado o transcendental que procuravam não se tornou uma realidade para eles, nem para seus seguidores. A verdade que lhes conduziriam a um Deus pessoal jamais foi encontrada dentro da filosofia. Mas um caminho importante foi aberto para a compreensão do que Deus viria a revelar.

> À época da vinda de Cristo, os homens tinham compreendido finalmente a insuficiência da razão humana e do politeísmo. As filosofias individualistas de Epicuro (341-270a.C.) e Zenão e as religiões de mistério testemunharam do desejo humano por um relacionamento mais pessoal com Deus. O cristianismo, com sua oferta de um relacionamento pessoal, forneceu aquilo

---

[36] CAIRNS, Earle E. op. cit., p. 31.

[37] A encarnação no presente trabalho é usada no sentido bíblico—Deus se fez homem em Jesus—com ênfase no sentido missiológico de seguir o exemplo divino de entrar na cultura do "outro" e no "seu" mundo sem perder o essencial, mas esvaziando-se e tornando-se como o "outro". Isto para que este compreenda o evangelho da forma mais assimilável possível de acordo com a cultura em que está inserido (Fl. 2:2-11).

> para o que a cultura grega, em função de sua própria inadequação, tinha produzido muitos corações famintos.[38]

Em suma o interagir de Deus com a história humana torna-se visível em sua maneira de conduzir e utilizar os eventos e momentos vividos pela humanidade para reconduzí-la para dentro de seus propósitos. A filosofia foi de grande utilidade dentro do plano divino.

O conjunto dos fatores e eventos supra-citados revelam um momento da história, antes e depois de Cristo, em que o que Paulo traz em Gl 4:4 pode ser facilmente interpretado como sendo de fato a "plenitude dos tempos". Em vista disso a vinda de Cristo, nesse momento, deve ser lida com parte de um planejamento de um Deus que lê a história e dela participa.

3. O GRANDE ATO NO PROJETO DE RECONSTRUÇÃO DA HUMANIDADE: O CRIADOR SE FAZ HOMEM—UMA MISSÃO ENCARNACIONAL.

Conforme já foi visto, Deus, em seu propósito primeiro, criou o ser humano a sua imagem e semelhança, e viu este ser se rebelar e corromper a essência divina, que tinha recebido. Ele promove meios de restaurar e reconstruir a humanidade usando para isso pessoas escolhidas e um povo separado, os quais ele mesmo discipulou comissionando-os com o objetivo de se tornarem luz para as nações. Mas é a partir deste ato maior, a encarnação, que Deus traz sua maior proposta para a humanidade.

---

[38] CAIRNS, Earle E. op. cit., p. 33.

> Deus demonstra o seu interesse em salvar a humanidade, nos recursos que ele usa para aproximar-se aos homens- a *encarnação*. Deus se auto-limita em um corpo humano, um corpo que ele mesmo criou. Na verdade, esta não é uma limitação de Deus, senão um sinal de sua perfeição. Ele é perfeito até em tomar um corpo humano.[39]

A encarnação, neste propósito reconstrutor de Deus, encerra em si a mais profunda demonstração de amor, trazendo consigo princípios discipuladores que vão revolucionar a história da humanidade. É por meio da encarnação, que agora, Deus vai fazer com que a possibilidade do ser humano novamente ser a sua imagem e semelhança se torne uma realidade.

Desse modo a partir de então o próprio Deus está na terra como homem para oferecer a humanidade uma nova oportunidade de readquirir aquilo que foi perdido. O momento histórico em que se dá essa vinda de Deus a terra, como o homem Jesus, merece atenção por revelar mais uma vez que havia um olhar de Deus sobre a história.

O projeto reconstrutor de Deus, de redenção da humanidade, torna-se notório e impactante na figura de Jesus, em tudo aquilo que Ele viveu e apresentou para o ser humano. Alguém que foi de suma importância na preparação do ambiente de então para a chegada de Jesus, foi João Batista. Ele foi um homem levantado por Deus como profeta e que teve como missão ser o precursor, aquele que prepararia o caminho, do Messias (Mc 1:2-11).

O próprio João já havia sido anunciado antes de seu nascimento por uma profecia em Isaías que falava da vinda de Jesus ao mundo e do mensageiro, João, que viria para lhe preparar o caminho. Em vista disso conclui-se que a maneira como Deus agiu neste momento já estava previamente planejada e que a missão precisa ser executada com uma visão que vai além. A forma como Deus se mostra soberano e consciente de seus propósitos, revela o caráter especial de um Deus que se faz presente, atuante e que participa da vida humana.

A proposta trazida por João Batista do "batismo de arrependimento para remissão de pecados" é algo revolucionário para as pessoas de sua época. A forma como ele se propôs a viver também era algo bem incomum. Mas sua assimilação

---

[39] FRIESEN, Heinrich. op. Cit., p. 37.

daquilo que precisava ser feito mostram o quanto ele estava disposto a fazer parte deste projeto de Deus. Consciente de sua missão, João inicia a sua pregação apresentando a mensagem do “Reino dos céus”, desafiando as pessoas e confrontando-as com valores que até então não tinham sido apresentados (Mt 3:1-10). As pessoas que vinham ter contato com João e ouviam suas pregações tinham seus corações impactados por uma mensagem que lhes inseriam numa nova forma de se relacionarem com Deus.

O arrependimento que era proposto levava o público de João a tomar uma decisão de reconhecimento da limitação das obras da lei que eram feitas até então. Em razão disso, após arrependerem-se as pessoas se encontravam prontas a serem batizadas por João. O impacto era de tal proporção que o texto bíblico fala de multidões que vinham a João procurando conhecer o que lhes era necessário fazer para se adequarem a esta nova proposta de vida (Lc 3:10-14). O texto Bíblico também fala que o próprio João Batista teve seus discípulos, pessoas que o seguiam de perto e por ele eram ensinadas de uma maneira mais direta, diferentemente da grande multidão que se arrependiam eram batizadas e de certa forma continuavam suas vidas (Lc 7:18-23).

Em João é possível enxergar que o plano de Deus com a humanidade é processual. A reconstrução da humanidade pode ser vista então como um projeto divino que jamais foi abandonado ou esquecido.

Os valores que João apresentou às multidões, que o inquiriam sobre o que precisavam fazer, foram valores do “Reino”. Os valores apresentados por João eram tão impactantes que a multidão foi tomada por profundas reflexões que chegavam até mesmo a conjecturar se não seria ele o próprio “Cristo” (Lc 3:15). Do mesmo modo todo aquele que vive e anuncia o Reino de Deus de forma tão profunda, deveria de igual modo ser confundido, ou assimilado com a figura de Jesus. Por outro lado o próprio João que consciente de seu papel, sabia exatamente qual o seu lugar na Missão de Deus, coloca-se como alguém que nem mesmo as sandálias de Jesus ele era digno de desatar. Ele sabia que a sua função era preparatória para algo maior que estava prestes a acontecer. João estava ciente de que o batismo de arrependimento que ele propunha, era a porta aberta para a vinda do batismo com o Espírito Santo e com fogo que Jesus traria para a humanidade. (Lucas 3: 16).

3.1. O DISCIPULADO TRANSFORMADOR DE JESUS: RECONSTRUÇÃO DE VIDAS PARA O REINO DE DEUS.

A reconstrução do ser humano aparece como proposta fundamental na caminhada empreendida por Jesus sobre a terra. É desta forma que ele apresenta a chegada do Reino de Deus entre os homens e a necessidade do nascer de novo (Jo. 3:3-15).

Os conceitos e princípios trazidos por Jesus eram caracterizados por um misto de simplicidade e profundidade. Por isso mesmo eram considerados de fácil assimilação para alguns e ao mesmo tempo de alta complexidade para outros. As propostas sempre se mostravam desafiadoras e tinham o ideal da transformação como principal foco. Coleman, dialogando com o pensamento de Marx, reflete na afirmação da necessidade de um mundo transformado. Marx via os filósofos como aqueles que buscavam interpretar o mundo diferentemente, sem contudo atentarem para o principal que era transformá-lo.[40] Em Jesus a proposta nunca foi de uma nova religião, nem mesmo de uma simples reflexão filosófica a respeito da vida. Sua principal atividade era estar junto às pessoas abrindo possibilidades de transformação de mentes e corações que consequentemente transformariam a realidade que os circundavam. Em suma:

> De modo distintivo, a Igreja proclama um mundo transformado em consequência de homens transformados. Homens dados à reflexão produzem novas filosofias; somente homens regenerados possuem solução para uma sociedade realmente nova. É essa convicção, alicerçada nas Boas Novas de que " Deus estava em Cristo, reconciliando consigo mesmo o mundo..." (II Co. 5:19), que faz do Evangelismo muitíssimo mais do que uma teoria ou uma chapa. Essa convicção focaliza as Boas Novas como uma necessidade. [41]

Na busca pelos princípios que podem ser observados no ministério de Jesus, Coleman atenta para o fator da seleção daqueles a quem Jesus ensinaria de uma

---

[40] COLEMAN, Robert E.. *O Plano Mestre de Evangelismo*. p. 6.

[41] Idem

maneira mais próxima. O fato de Jesus priorizar estar com doze homens de maneira mais efetiva revela o princípio da formação de um número pequeno e este bem formado vai formar outros até que uma multidão seja alcançada. O relato Bíblico mostra que a maneira como esses homens foram chamados era bem simples (Jo.1:35-42). No início Jesus não mostrou grandes preocupações em atingir a muitos com suas pregações, como afirma Coleman: "a Sua preocupação não era com programas para atingir as multidões, e sim com homens a quem as multidões seguiriam." [42]

No processo de seleção daqueles que viriam a serem seus discípulos, Jesus apresenta ensinamentos preciosos para quem busca a transformação o mundo. Jesus faz um chamado simples, para pessoas, mas de uma maneira tão profunda e também enxergando a profundidade e probabilidades daqueles simples homens a quem escolheu. Essa escolha não causou nenhum efeito extraordinário imediatamente. O impacto na sociedade não foi repentino assim como a própria encarnação não o foi. Os efeitos desses empreendimentos divinos foram se fazendo sentir gradativamente no decorrer do tempo. Coleman conclui que "do ponto de vista da finalidade última de Jesus, a significação das vidas desses homens se sentiria por toda a eternidade." [43]

Na seleção dos doze, os padrões que Jesus utiliza contrastam com a cultura legalista religiosa da época. Os valores que são priorizados na escolha são bem diferentes daqueles utilizados pelos líderes religiosos de então. Quando era feito o desafio do "segue-me", notoriamente pode-se notar que Jesus não visou o grau acadêmico ou a posição religiosa ou nível social dos discípulos. O olhar dEle era bem mais profundo e transcendental. Perpassava os valores humanos vigentes da época.

O chamado feito por Jesus provocou nos discípulos o sentimento de obediência. O caminho proposto era novo e desafiador. Mas para que os discípulos chegassem ao nível de ter uma fé amadurecida antecipadamente eles tiveram que adotar uma postura de obediência. Ao obedecer entra então o processo da fé, que

---

[42] Ibidem, p. 19.

[43] Ibidem, p. 21.

vem a partir de um caminhar com o Mestre numa nova existência que leva a pessoa a mergulhar na graça preciosa de Cristo.[44]

Neste princípio deixado por Jesus da seleção dos discípulos, Coleman atenta para o fato de terem sido apenas uns poucos, os que foram escolhidos onde foi concentrado o maior esforço de preparação. Estes poucos se mostraram dispostos a aprender do mestre. Estavam dispostos a realmente o seguirem em suas empreitadas.

> Nisto é que reside a sabedoria do seu método, e, ao observarmos o mesmo, voltamos uma vez mais ao princípio fundamental da concentração de Jesus sobre aqueles que Ele tencionava usar. Evidencia-se, desta maneira, a necessidade não só de escolher alguns poucos leigos, mas também de conservar o grupo pequeno bastante para que se possa trabalhar eficazmente em suas vidas.[45]

Esta atitude de Jesus diferencia-se, notadamente, dos procedimentos utilizado nos dias atuais em relação a transformação de pessoas. Aqueles que se propõe a este empreendimento em sua maioria concentram seus esforços em grandes multidões julgando este ser o método mais fácil de atingir seus objetivos. Desse modo os resultados que se adquirem podem ser numerosos mas sem consistência e qualidade. Jesus investiu em poucos, mas de uma maneira eficaz para que os poucos pudessem atingir a muitos.

Por outro lado observa-se que mesmo concentrando seus esforços nos poucos seguidores mais próximos, em momento algum Jesus negligenciou ou recusou a grande multidão. Quando as multidões o solicitavam o relato Bíblico mostra a sua disposição em saciar a fome, curar os enfermos, pregar-lhes os novos valores do Reino entre outras coisas mais. Mas mesmo assim Ele não perdeu o foco, mesmo quando era incentivado pela multidão a assumir uma posição política de libertação nos padrões humanos. Fica evidente nas ações de Jesus que a sua prioridade era preparar com eficiência os doze que ele havia chamado.

Outra consideração que deve ser feita quando se aplica o princípio da seleção adotado por Jesus, é para o que observa Coleman quando diz que em uma

---

44 BONHOEFFER, Dietrich; *Discipulado*. p. 24.

45 COLEMAN, Robert E. op. cit., p. 23.

comunidade local há que se atentar para o benefício final do maior número de pessoas possível. Embora o trabalho seja mais específico e focado em preparar uns poucos com maior eficiência. Deve-se deixar bem claro para todos que não há espaço para o favoritismo ou o egoísmo. "Tudo quanto for feito com esses poucos, deve visar a salvação das multidões."[46]

Em contraste com o método utilizado por Jesus, o pastor Phillips avalia o seu trabalho nos primórdios de seu ministério afirmando que em muitos momentos o seu evangelismo era irresponsável.[47] Ele constata que em um momento de seu ministério ele se encontrava com uma grande preocupação em gerar ou ganhar pessoas para o Evangelho. O seu trabalho, que era desenvolvido em uma área perigosa dos Estados Unidos, foi marcado por um grande número de jovens que por lá passaram e depois de algum tempo saíam e novamente se envolviam em novas misérias humanas. Desse modo um grande número de pessoas era alcançado por suas mensagens e trabalho. Por um pouco de tempo elas até mudavam de vida, mas não apresentavam consistência em permanecerem longe das mazelas da vida.

Phillips continua ainda a refletir sobre a utilização de truques que prostituíam o Evangelho. Havia momentos em que ele usava de vários artifícios para obter respostas que julgava como marca de sucesso para o seu ministério. Como ele mesmo afirma, havia momentos em que se sentia triste e frustrado quando poucas pessoas respondiam aos seus apelos.[48] Por estas atitudes é que após algum tempo ele pode perceber que ter uma grande rotatividade de pessoas em seus projetos e depois de algum tempo perdê-las novamente para os vícios, prostituição e morte, era algo que precisava ser repensado.

Em vista disso ele mudou sua conduta e assim começou a investir com mais eficiência em um número menor de pessoas, para que estas estando estruturadas pudessem alcançar as outras. A longo prazo ele pôde perceber que os elogios que recebia pelos rápidos números de muitas pessoas "convertidas" eram muito inferiores aos que foram realmente transformados e se tornaram transformadores através do ministério de discipulado de pequenos grupos.

---

[46] Ibidem, p. 35.

[47] PHILLIPS. K. *A formação de um Discípulo*. p. 25.

[48] Ibidem, p. 35.

Em suma, na procura por reconstruir pessoas, o caminho mais atraente de atingir inicialmente uma grande multidão, nem sempre é o caminho da verdadeira eficácia. Os resultados imediatos podem se revelar inconsistentes. Há que se investir em qualidade que com o tempo vai gerar quantidades saudáveis e eternas.

Em dias atuais a maneira mais utilizada para formação de pessoas é através de estruturadas acadêmicas como os seminários, universidades, escolas, cursos e outras formas mais. E estas formas organizadas se tornaram tão necessárias para que, hoje, o conhecimento e ensinos sejam passados aos outros.

Por outro lado o método utilizado por Jesus para formar os seus discípulos era diferente. Embora se saiba que nos tempos de Jesus já haviam as escolas Rabínicas e outras mais, Jesus desenvolveu uma outra metodologia. Foi através do estar com seus discípulos e compartilhar com eles do dia a dia que obteve tão grande sucesso na preparação destes Coleman chama este processo de princípio da associação. [49] É a partir da sua própria vida que o líder passa as principais mensagens e exemplos para aqueles que ele almeja transformar.

Os métodos utilizados pelas estruturas atuais se tornam mais convenientes e exige muito menos daquele que se propõe a ensinar. Ao se utilizar a associação, faz-se necessário investir tempo, ter uma vida transparente, se envolver e acompanhar o outro. São poucos os líderes que querem trilhar o princípio da associação pessoal e fazer o sacrifício necessário para ver o outro transformado a partir de uma prática de vida. Ao encarnar-se Jesus propôs-se a estar entre os homens. Da mesma forma ainda hoje através do seu Espírito a proposta de Deus é habitar no coração do ser humano. Isto significa proximidade em muitos momentos entre o que ensina e o que aprende. É através de um compartilhar constante entre o que ensina e o que aprende que este pode profundamente aprender sobre a vida tal como Deus a projetou para ser vivida.

Foi a partir da aplicação deste princípio que Howard Hendrix viu que realmente seu trabalho com seus alunos começava a surtir efeito. Mesmo estando em uma estrutura que promove um certo distanciamento entre alunos e professores, ele procurou mergulhar no mundo de seus aprendizes . Passou então a dormir com eles e estar mais próximo. Permitiu até mesmo o mostrar-se vulnerável compartilhando

---

[49] COLEMAN, Robert E. op. cit., p. 39.

limitações. Desse modo chegou a conclusão que vidas começavam realmente a ser transformadas e não somente bombardeadas com informações e conhecimentos.[50]

A simplicidade do chamado que Jesus faz aos seus discípulos é uma característica defendida por grande parte daqueles que estudam sobre seus métodos de formação de discípulos. Mas outra consideração que pode ser feita em relação a seus desafios que eram apresentados aos discípulos, é de que esses requeriam um envolvimento radical.

Desse modo apesar do chamado ser sempre muito simples, ele era ao mesmo tempo profundo e para que houvesse uma verdadeira transformação era necessário o princípio da consagração. E para isto aquele que se dispõe a seguir por esta estrada precisa estar disposto a obedecer. "Jesus esperava que os homens que O acompanhavam Lhe fossem obedientes: Não requeria que fossem espertos, mas tinham de ser leais".[51]

Esta consagração que envolve obediência a Jesus, pode ser notada nas atitudes de todos aqueles que realmente tiveram suas vidas mudadas a partir de um encontro vital com o evangelho. Para aqueles que serão alvos desse transformar é preciso que mudem sua obediência. Pois todo ser humano está ligado a algo e em alguma área da vida ele vai obedecer a uma diretriz. Seja de sua consciência sem o amor de Deus, ou a cultura em que está inserido, á uma filosofia de vida qualquer, as suas próprias vontades e por aí vai. Será preciso então transferir essa obediência para o Deus Criador e os princípios e valores dele.

Antes mesmo que ele venha a crer profundamente, será preciso obedecer. É certo que essa não pode ser uma obediência escravizante. Há que ser algo que envolve o transcendente, um amor maior, uma proposta que vá além do mensurável, mas produza mudanças na vida natural também. Em relação a esta proposta para uma "nova existência" Bonhoeffer diz que:

> Só o obediente é que crê. É necessário prestar obediência a uma ordem concreta, para que possa haver fé. Há que se dar um primeiro passo obediente, para que a fé não se transforme numa piedosa ilusão ou na graça barata. Tudo depende do primeiro passo, que se distingue qualitativamente de todos seguem. O primeiro passo de obediência impõe

---

[50] HENDRIX, Howard. *Ensinando para transformar vidas*. p.100.

[51] COLEMAN, Robert E. op. cit., p. 55.

> a Pedro abandonar as redes e saltar do barco, e ao jovem rico, abandonar sua fortuna. A fé só é possível nesta nova existência que a obediência criou.[52]

Em princípio o ato de crer e o ato de obediência, que são indispensáveis no estabelecimento de uma transformação, se alternam no início da caminhada para a nova existência. Tornando-se mesmo quase que impossível definir se primeiro vem a fé ou a obediência. Mas crer e obedecer tornarão a transformação de vida possível, e permitirão que a pessoa que tal atitude tomar seja inserida numa realidade que transcenda aos padrões naturais humano.

Isto posto, é preciso levar em consideração que o princípio da consagração envolve o caminho da cruz. Jesus como mestre mostrou que esse caminho torna-se algo do qual não se pode fugir. Isto por causa do caos e desordem instalados em todos os setores universais. Por isto há a proposta para aqueles que o seguem de que é preciso tomar a cruz (Lc. 9:23). A maioria dos valores do mundo natural se encontra tão deturpado que para haver uma reconstrução do ser humano é necessário lutar contra sentimentos, fatores e situações que anulam a essência divina que este um dia possuiu. Resgatar isto significa seguir o caminho da cruz.

Este caminho poderá significar, lutas internas de auto-negação, e o abandono de vícios e vontades. Ou poderão ser lutas externas contra as propostas maldosas deste mundo, contra a forma selvagem com que o homem lidado com o planeta e com seus semelhantes. Enfim nesta empreitada não se pode omitir o caminho da cruz.

> Havia uma cruz no discipulado, a autonegação voluntária em favor de outrem. Jesus estava treinando líderes para o Reino; e, se estes tivessem de ser vasos úteis para o serviço, teriam de pagar o preço. Portanto, aqueles que não se dispusessem a percorrer o caminho todo, terminavam por ficar prostrados à beira da estrada.[53]

Em vista do exposto conclui-se que para uma transformação efetiva é preciso que haja um envolvimento profundo, ou seja, a consagração, uma entrega

---

[52] BONHOEFFER, Dietrich. op. cit., p. 26.

[53] COLEMAN, Robert E. op. cit., p. 56.

verdadeira. Nem mesmo Jesus conseguiu fazer com que todos os que o ouviam, o seguissem em total comprometimento, mas alguns daqueles que decidiram o fazer foram radicalmente transformados.

Esta consagração, comprometimento e transformação por parte dos seguidores de Jesus podem ser vistos bem explicitamente nas experiências de Mateus o publicano e Simão o Zelote.

Observando-se a biografia desses dois discípulos, é possível ver o intenso impacto transformador que Jesus causou na história desses dois homens. Mt 9:9 relata que Jesus encontra Mateus na coletoria onde trabalhava. Segundo Aramis DeBarros, como coletor de impostos Mateus assim como todos os outros de sua categoria, era tratado com desconfiança, sendo considerado gatuno e oportunista. Isto é exerciam uma profissão indigna. Eram funcionários a serviço da dominação estrangeira e por isso considerados "traidores nacionais, apostatas, gentios e pecadores..... Eram de tal maneira desprezados pelos judeus que nem mesmo seus dízimos e ofertas eram aceitos nas sinagogas."[54] Era de costume os que desenvolviam esta atividade serem corruptos.

Sabe-se, porém que Jesus não estava enganado quando chamou a Mateus. Na sua seleção Jesus o encontrou desempenhando sua profissão. Mesmo sabendo quem ele era, Jesus o desafia a segui-lo (Mt. 9:9). E notável que por estar junto a um tipo de pessoa tão odiada e desprezada por todos, Jesus foi questionado pelos fariseus e doutores da lei (Lc 5:30).

Outro grupo que odiava os cobradores de impostos eram os zelotes. Os zelotes eram pessoas que, ao contrário dos coletores, "se dispunham a resgatar com o próprio sangue a liberdade do seu povo".[55] Eram homens que "transformaram no objeto maior do seu ódio não os invasores romanos propriamente ditos, mas aqueles dentre seus compatriotas suspeitos de os servirem." [56] Entre estes estavam os coletores.

A saga dos zelotes é marcada por luta, sangue, violência e heroísmo. Aramis DeBarros conta que depois de tantas insurreições contra os estrangeiros opressores, um dos últimos atos de heroísmo revela bastante do fanático coração

---

[54] DEBARROS, Aramis C. op. cit., p. 57.

[55] Ibidem, p. 64.

[56] Idem

zelote. Os zelotes passaram por grandes derrotas sofridas frente ao exército romano, eram violentamente massacrados em morticínios que visavam acabar com as insurreições de uma vez por todas. Mas o que aconteceu quando estavam refugiados na fortaleza de Massada revela o espírito desses guerreiros:

> Mesmo aprentando uma infra-estrutura dotada de aramazéns de viveres e uma gigantesca cisterna, além de uma posição estratégica invejável. Masada não foi suficiente para sustentar os sonhos de liberdade dos zelotes. Ameaçados pelo general Flavius Silva, que os cercara com a décima legião e assolados pela fome, os rebeldes- inflamados por Ben Yair —decidiram em abril de 73 A.D., pelo suicídio coletivo, ante a possibilidade de cair em mãos inimigas. Conta Josefo que, lançando sorte entre si, os zelotes escolheram dez varões cuja incumbência era a difícil tarefa de transpassar os outros quase novecentos compatriotas. Duas mulheres e cinco crianças, escondidas nos armazéns, foram os únicos sobreviventes deste episódio que, por sua magnitude, despertou, mesmo nos romanos, um sentimento de admiração pela bravura com que seus protagonistas encararam a luta pela liberdade. [57]

Embora a Bíblia pouco fale da saga dos zelotes, alguns textos relatam algo sobre Barrabás que protagonizou com Jesus (Mt27, Mc15, Lc. 23). Mas são em textos como o de Lc. 6:15 que levam os estudiosos a definirem Simão como um zelote mesmo que este não tenha registrado em seu currículo a participação específica em algum episódio de batalha política.

Diante do que foi exposto torna-se impossível ignorar a complexidade que envolvia a relação existente entre o grupo dos doze escolhidos por Jesus. O modo como Jesus opta por chamar um coletor de impostos e um zelote colocando-os lado a lado numa missão de amor , é algo que desafia as mais brilhantes concepções humanas. Os questionamentos giram em torno de como Jesus pode reunir duas pessoas como Mateus e Simão Zelote em um mesmo grupo. O próprio fator de Jesus escolher homens de tal extirpe para se tornarem seus representantes mais próximos, já é desafiante para qualquer mente que queira humanamente explicar os propósitos desta missão de amor.

Desse modo fica notório que o poder transformador das Boas Novas já estava em ação desde o chamamento dos doze. A força do amor transformara personalidade e convicções, mesmo as mais fanáticas e possibilitaram que vidas

---

[57] DEBARROS, Aramis C. op. cit., p. 73.

tão antagônicas entre si, se dispusessem a viver debaixo do ideal do amor de Deus. Os valores do Reino estavam reconstruindo estes dois discípulos na imagem de Cristo, que era a imagem do próprio Deus. Para aqueles que se propõe a reconstruir o ser humano à imagem de Deus, como o era no princípio, é através da condução do Espírito Santo que se pode conseguir milagres como o ocorrido na vida desses dois discípulos.[58] As Boa Nova do Evangelho, que reconstrói a humanidade, joga por terra as maldades do coração humano, acabando com as diferenças que procuram a exploração do semelhante. No Reino do amor de Deus não há lugar para escravidão, ou para a exploração do próximo. Em Jesus o homem readquire a essência de Deus que foi perdida. O ser humano volta a sua originalidade.

Um dos fatores que tornam o Evangelho tão eficaz na transformação de vidas e realidades é concernente a atuação do Espírito Santo. Aquilo que Jesus fez, não se resumiu a sua vida na terra. Pelo contrário, é através do Espírito Santo que pessoas de todas as gerações podem ser impactadas pelo seu amor. É o sobrenatural agindo no natural. É Deus em meio aos homens.

Através de seus atos abnegados Jesus mostra a profundidade do amor. Entrega-se sem reservas . Por isso mesmo quando vê chegado o tempo de sua partida destes mundo, promete a continuidade de tudo o que ensinara. Promete assim o outro consolador (Jo 14:16). Aquele que insere os que crêem, em níveis profundos das verdades espirituais (Jo 16:13).

Por fim ainda hoje a humanidade ainda hoje pode viver este princípio grandioso do Reino denominado transmissão. A pessoa que recebe o Espírito Santo é aquela que vai transmiti-lo. É Deus permanentemente entre os homens. Na presença do Espírito da verdade todos os ensinamentos que Jesus deixou podem ser aplicados e vividos sem se tornarem filosofias vazias.[59] As muitas filosofias e ações humanas, por mais nobres que sejam, quando destituídas da direção e presença do Espírito Santo, não podem provocar a transformação verdadeira que a humanidade anseia tanto. É no princípio da transmissão que está um dos grandes diferenciais do Evangelho em relação as filosofias ou religiões.

---

[58] Ibidem, p. 74.

[59] COLEMAN, Robert E. op. cit., p. 72.

Outro princípio valioso para quem se habilita a reconstrução de pessoas é a demonstração. Isto foi algo que Jesus utilizou como método de ensino. Ele sabia que o efeito das palavras, sem a prática demonstrada, se tornaria sem valor. Era na utilização deste princípio que os discípulos podiam aprender com profundidade sobre a oração, o serviço, a humildade, o amor, enfim sobre como viver os valores do Reino. Muito antes do discurso literal, os discípulos eram impactados pela vida do Mestre.

> Jesus não solicitava a quem quer que fosse que fizesse ou que fosse alguma coisa, sem primeiramente demonstrar o fato na Sua própria vida; e assim provava que o ensino funcionava, e também que tinha ligação à missão de Sua vida. E isso Jesus era capaz de fazer porque estava constantemente junto aos seus discípulos. Suas aulas de treinamento jamais cessavam. Tudo quanto Ele dizia ou fazia, em realidade era uma aula pessoal; e posto que os discípulos se achassem presentes, observando tudo, praticamente a todo instante estavam aprendendo alguma coisa, durante todo o tempo em que se mantinham despertos. Já representa algo dizermos as pessoas o que queremos, mas é infinitamente melhor mostrar-lhes como fazê-lo. Os homens procuram demonstração, e não explicação.[60]

Em suma não há como negar a eficácia do ensino de Jesus. A maneira como a vida daqueles que estavam próximo dele foi transformada, confirma a eficiência de seus métodos.

Por outro lado, ao mesmo tempo em que Jesus primava por demonstrar na prática aquilo que pretendia que seus discípulos absorvessem, Ele se valeu de um outro princípio importantíssimo: a delegação.[61]

Várias são as ocasiões nos Evangelhos em que se pode encontrar Jesus delegando responsabilidades aos seus discípulos. Lc. 9 e Mt. 10, são apenas alguns exemplos de Jesus motivando seus discípulos para que se exercitassem em viver aquilo que viam em Sua vida. " O método dEle consistia em fazer os discípulos participarem de Sua experiência, mostrando-lhes como Ele mesmo trabalhava, antes de dizer-lhes qualquer coisa a respeito."[62]

---

[60] Ibidem, p. 83.

[61] Ibidem, p. 89.

[62] Ibidem, p. 92.

Em suma aquele que se empenha na reconstrução de outrem deve ter sempre em mente que este precisa ser preparado de maneira tal a poder receber a responsabilidade de reconstruir a outros. O Evangelho traz grandes lições quanto a isto. O próprio Jesus que tudo podia fazer sozinho e da melhor forma possível, achou por bem estabelecer o princípio de dividir responsabilidades mesmo com pessoas que possuíam limitações bem evidentes. Pelo mesmo motivo, quem leva um Evangelho de transformação não pode se negar a confiar aos outros incumbências e responsabilidades no cumprimento da Missão.

Isto posto chega-se a outro importante princípio utilizado por Jesus que enquanto delegava responsabilidades, assumia o grande compromisso da supervisão. Em todos os seus atos Jesus sempre mostrou o quanto se importava em participar da vida daqueles a quem discipulava. Era necessário um grande investimento de tempo e atenção, sendo que nos dias atuais já não se investe assim em vidas. Jesus acompanhou seus discípulos supervisionando-os em amor até perceber que já estavam maduros o bastante para enfrentarem os desafios que se apresentariam.

> O mais importante acerca de toda essa obra de supervisão de Jesus é que Ele mantinha os discípulos seguindo em direção ao alvo que estabelecera para eles. Ele não esperava mais da parte dos discípulos do que eram capazes de realizar; porém, esperava o melhor que podiam fazer, e mesmo assim esperava que fossem melhorando em seu rendimento, na medida em que fossem crescendo no conhecimento e na graça. O plano de ensino traçado pelo Senhor Jesus, mediante exemplo, incumbência e verificação constante, era calculado para extrair o que havia de melhor nos discípulos.[63]

Em razão de todo este investimento de amor feito na vida de seus discípulos tornou-se certo que o objetivo seria alcançado. Jesus tinha claro em seus planos que muitos outros seriam tocados por Deus através da vida de seus aprendizes . Suas promessas de que eles seriam pescadores de homens leva ao princípio da Reprodução. Pessoas alcançadas que gerariam outras. Jesus não se preocupou em Ele mesmo ganhar todo mundo. O que Ele tinha em mente era ganhar alguns, transformá-los e através destes transformar outros, até que todo o mundo fosse

---

[63] COLEMAN, Robert E. op. cit., p.113.

impactado pela presença do seu Espírito Santo na vida de seus discípulos.[64] A expansão do Reino dependia de todos os procedimentos usados por Jesus e a reprodução seria o que geraria isto.

Mas por outro lado os métodos atuais para reconstrução de uma vida são baseados em sentar o aprendiz em uma cadeira, passar pra ele o máximo possível de informações e leituras e dar-lhe um diploma reconhecendo a sua nova graduação. O mestre de hoje já não se envolve tanto com seus treinandos. Muitos dos que ensinam hoje não querem pagar o preço de permitir que o outro participe de suas vidas. É assim que caminha a humanidade, muitas informações e conhecimento, mas com uma qualidade de vida cada vez menor.

Desse modo pode se ver muitas transformações superficiais acontecendo, mas não há quase nenhuma mudança efetiva e positiva no ser humano ou em sua vida. Faltam ensinos profundos para a vida e sobram ensinos rasos sobre a vida. Faltam corações transformados e reconstruídos que levem outros a também o serem. É preciso que se aplique a lei do coração onde "o ensino que realmente causa impacto não é o que passa de uma mente a outra e sim de um coração para o outro."[65] Faltam corações que sejam transformados por princípios alicerçados na verdade deixada por Jesus.

3.2. RECONSTRUÍDOS À IMAGEM DE JESUS – A RESTITUIÇÃO DA NATUREZA HUMANA ORIGINAL.

Jesus aplica vários princípios com o objetivo maior de trazer a Boa Nova. O Reino de Deus chegou. O ser humano terá uma oportunidade preciosa de seguir por caminhos que o levarão novamente a ser imagem e semelhança de Deus. Jesus vem então mostrar que Deus não havia desistido do ser humano, pelo contrário o seu projeto de reconstruir sua imagem e semelhança no ser que criara ainda estava em pleno andamento.

---

[64] Ibidem, p.116.

[65] HENDRIX, Howard. op. cit., p. 141.

> A imagem de Jesus que os discípulos têm sempre diante de seus olhos e que reprime todas as outras imagens, penetra neles, preenche-os, transforma-os a ponto que o discípulo chega a ser semelhante ao Mestre, igual a Ele. A imagem de Jesus Cristo influência terminantemente, na comunhão diária, a imagem do discípulo. O seguidor não pode olhar a imagem de Cristo em contemplação morta e ociosa; essa imagem irradia forças transformadoras. [66]

É transformando o homem na imagem de Cristo que Deus fará com que o homem seja reconstruído a sua imagem e semelhança.

> Cristo assumiu forma de homem. Fez-se homem igual a nós. Em sua natureza humana e em sua humildade reconhecemos a nossa própria forma. Tornou-se igual aos homens, para que esses lhe sejam iguais. Na encarnação de Cristo em forma humana, toda a humanidade reencontra a dignidade da semelhança de Deus. Na comunhão com o Encarnado é nos restituída a nossa verdadeira natureza humana. Somos arrancados do isolamento gerado pelo pecado e devolvidos a humanidade toda. [67]

Em vista desta verdade a realidade da humanidade sofre uma profunda transformação. Com a chegada do Reino de Deus apresentada por Jesus, o poder das trevas também se levanta para aprisionar e enganar a muitos. Aqueles que perderam sua imagem original, a essência de Deus, se encontram tão mergulhados em meio aos enganos satânicos que não conseguem nem mesmo perceber o quanto necessitam ser restaurados.

O grande momento na história da humanidade da encarnação de Deus tem um desfecho surpreendente. Pois além das grandes verdades que até então foram apresentadas, a chegada do Reino de Deus requeria a transformações de mais algumas estruturas humanas nos campos das emoções, da alma, da justiça, do espírito e muito mais. Ao não aceitar as ofertas de satanás quando foi tentado, Jesus assumiu uma caminhada onde a humilhação , a dor , o sofrimento e a crucificação teriam que ser experimentados . Vários desafios no mundo físico teriam que ser encarados para que o ser humano pudesse ser resgatado dos poderes espirituais do mal.

---

[66] BONHOEFFER, Dietrich op. cit., p. 188.

[67] Ibidem, p. 191.

Desse modo Jesus, não foge a esses momentos de terrível dor. A dor de ver o alvo do seu amor, se tornar o seu algoz. Foi necessário Jesus ter de viver o paradoxo de se entregar por amor para ser crucificado por aquele a quem o seu sangue redimiria da morte. A própria humanidade que matou Jesus, já era, de antemão, aquela que seria o alvo maior do amor dele. Foi por amor ao mundo que Ele permitiu pelo mundo morto ser. Bosch diz que Jesus em momento nenhum desistiu da Cruz, Jesus "Assumiu a cruz em sinal de fidelidade para com Deus e para com os homens. Foi crucificado para Deus (fidelidade a Deus) e crucificado pelos homens e para os homens (em amor e fidelidade aos homens) ".[68]

Um amor tão humano e ao mesmo tempo tão divino resultou na inimaginável vitória sobre a morte e o inferno. O que crucificado fora, torna-se o glorificado através da ressurreição. Muito mais acontece a partir deste momento do que aquilo que pode ser explicado. Grandes batalhas foram travadas e ganhas no mundo espiritual pelo cristo ressurreto. Ainda na sua paixão Ele diz que está consumado, já não há mais separação entre o homem e Deus, um novo caminho foi construído de acesso ao Pai.

Por fim o processo de amor precisa continuar. O amor de Deus pela humanidade que antecede a própria gênese humana, não tem o seu fim na ressurreição. Deus ainda se propõe a continuar presente entre os homens. O Deus que criou, cuidou,se encarnou, sofreu por amor, morreu e ressuscitou tem como objetivo o continuar a fazer parte da história humana. E assim Jesus introduz o Espírito Santo no processo de reconstrução do ser humano. Agora Deus está presente em Espírito no homem. A obra está completa. A humanidade foi comprada e o caminho da reconstrução foi aberto. O Reino é chegado. O processo foi concluído para se obter a imagem de Deus novamente. O ser humano destituído da glória de Deus, poderá ser mais uma vez reconstruído a imagem e semelhança do Deus Supremo através do Espírito Santo quando a imagem do Cristo encarnado, morto e glorificado é formada nele.

---

[68] BOFF, Leonardo. *Paixão de Cristo - Paixão do Mundo. Os fatos, as interpretações e o significado ontem e hoje*. p. 158.

4. A ATUALIDADE E SEUS DESAFIOS PARA A PRÁTICA DE UMA MISSÃO TRANSFORMADORA.

O atual capítulo da história humana traz consigo desafios gigantescos e complexos que demandam reflexão profunda e ações eficientes para a transformação integral da criação.

Eventos catastróficos abalam a humanidade, sobre os quais se pensava que poderiam ser evitados a partir do conhecimento e avanço adquirido pelo ser humano. Em pleno século XXI aquilo que era pra ser extinto se torna uma realidade cada vez mais dura e implacável. A humanidade vem de uma caminhada de conflitos e caos que revelam a profunda crise que paira sobre ela. Tomé Fernandes reflete sobre essa situação dizendo que:

> Os conflitos étnicos da década de 90 na Somália, Ruanda, Palestina, Kosovo, e o conseqüente desmembramento da Yugoslávia eram a crua realidade do pecado e do mal. As questões estruturais da humanidade continuavam latentes como a pobreza, a fome, o narcotráfico, a AIDS, as epidemias, o buraco na camada de ozônio e a proliferação das armas de destruição maciça. O vazio existencial no coração humano continuava e continua por ser preenchido, a despeito do aumento do consumismo, do lazer no shopping Center e dos programas na TV dos "reality shows" .[69]

Sabe-se que apesar de todo avanço alcançado pelo ser humano em várias áreas do conhecimento, como as ciências, a economia, as artes, a tecnologia e muito mais, ainda assim é cada vez mais notório que a humanidade não encontrou os resultados que procurava. Na realidade se constata que as mazelas humanas se multiplicaram ainda mais, a humanidade sofre terrivelmente e com ela também toda a criação.

O recente ataque as torres gêmeas dos Estados Unidos em 11 de setembro de 2001, que ainda se encontra bem vivo na mente dos cidadãos do planeta, revelam que surpresas de proporções gigantescas podem acontecer a qualquer momento. O ser humano que, em muitos casos, adquiriu riqueza e conhecimento das ciências, pode ser aquele que cometerá as mais brutais atrocidades contra seu semelhante

---

[69] FERNANDES, Tomé. op. cit., p. 172.

em nome de uma religião ou mesmo em conspirações para justificar uma política exploradora com interesses puramente no capital.

Outro fenômeno que mostra claramente que algo está errado com a humanidade é o alto índice de suicídios que vêm sendo cometidos no mundo inteiro por pessoas de todas as classes sociais. Em alguns países ricos o índice é altíssimo, ao contrário de alguns países subdesenvolvidos onde o número é consideravelmente menor. Pesquisas feitas em relação ao suicídio mostram que:

> A cada 35 segundos, uma pessoa comete suicídio. Apenas na Alemanha, há alguém se matando a cada 45 minutos. Suicídios perfazem 2% de todas as causas mortis no mundo. A Organização Mundial da Saúde (OMS) estima em um milhão o número de suicídios cometidos apenas em 2000. "No correr dos próximos 20 anos, esse índice deve provavelmente crescer até 1,5 milhão", afirma Diego De Leo, presidente da Associação Internacional de Prevenção de Suicídios. De acordo com a organização, a média anual de suicídios no mundo passou de 10,1 por 100 mil habitantes, em 1950, para 16 casos, em 1995, o que corresponde a um aumento de 60% do índice de pessoas que se matam. Países do leste Europeu são os recordistas em média de suicídio. A Lituânia (41,9) lidera a estatística, seguida por Estônia (40,1), Rússia (37,6), Letônia (33,9) e Hungria (32,9). Guatemala, Filipinas e Albânia são os países com menor taxa, variando entre 0,5 e 2 a cada 100 mil. O Brasil registra um índice de 5,6 e a Alemanha de 11,7. Em números absolutos a China, porém, lidera as estatísticas. Foram 195 mil suicídios no ano de 2000. seguido pela Índia com 87 mil, a Rússia com 52,5 mil, os Estados Unidos com 31 mil. Os índices de suicídio são maiores nos países industrializados. [70]

Sabe-se ainda por meio de pesquisas que entre os países industrializados o Japão lidera as estatísticas de suicídio e "em 2006, pelo nono ano consecutivo, a taxa de suicídios japonesa superou os 30 mil casos." [71] O Japão é ao mesmo tempo um dos países que lideram como mais desenvolvidos do planeta.

As causas que levam pessoas ricas e detentoras de conhecimento científico a cometerem tais atos, desafiam as mais brilhantes mentes que tentam as explicar baseados nas mais diversas teorias. O grande problema ainda assola a humanidade, o ser humano moderno e rico caminha cada vez mais para longe da satisfação pessoal.

---

[70] http://pt.wikipedia.org/wiki/Suic%C3%ADdio

[71] http://g1.globo.com/Noticias/Mundo/0,,MUL58825-5602,00

Por outro lado a maximização da pobreza e um grande abismo que se abre entre países "muito ricos" e os "muito pobres" divide a humanidade em blocos onde todos sofrem pela desumanização causada por esse fenômeno. De acordo com uma pesquisa feita pela ONU "o número de moradores de favelas no mundo pode triplicar para 3 bilhões até 2050, se nada for feito." [72] Na realidade de favelas, pobreza e riqueza têm disputado espaço em alguns países onde se pode encontrar um grave conflito social de extremos paradoxais que geram violência fisicas e morais naqueles que estão nela envolvidos. A pesquisa da ONU continua afirmando que:

> A crise econômica global está colocando em risco os esforços para ajudar o número crescente de moradores de favelas em todo o mundo, disse o secretário-geral da Organização das Nações Unidas (ONU) na segunda-feira. "A atual crise financeira global e a restrição de crédito apenas exacerbam essa situação. Há o risco de que nossos esforços para lidar com a crise de habitação sofram umretrocesso." As favelas são mais comuns na África subsaariana, onde 62 por cento da população urbana mora de forma inadequada. Depois vêm o sul da Ásia, com 43 por cento, e a Ásia Oriental, com 37 por cento.. [73]

Isto posto é impossível negar que uma crise mundial está instalada, pois se partindo do ponto da igualdade entre todas as pessoas é desumano acreditar que tudo vai bem no mundo com tantas pessoas fazendo parte de terríveis estatísticas como estas. A humanidade tem sofrido com chagas abertas como essas que se juntam com momentos de uma história recente ainda não superados das duas grandes guerras que mostraram a total falta de direção do ser humano.

A Primeira Guerra Mundial (1914 a 1918) com seus mais de 19 milhões de mortos, veio mostrar do que o ser humano é capaz de fazer com o outro e consigo mesmo.[74] Da mesma forma a Segunda Guerra Mundial (1939 a 1945) apenas duas décadas depois do fim da primeira traz um saldo de 70 milhões de pessoas mortas em seu desfecho. Tornando-se o maior e mais sangrento conflito de toda a história da humanidade.[75] É o ser humano mostrando o seu poder de auto-destruição e

---

[72] http://www.estadao.com.br/

[73] Idem

[74] http://pt.wikipedia.org/wiki/Primeira_Guerra_Mundial

[75] http://pt.wikipedia.org/wiki/Segunda_Guerra_Mundial

como conseqüência disso, vivendo vários momentos de extrema desesperança e falta de sentido pra sua existência.

A religião por sua vez escreveu capítulos da história dos quais não se pode orgulhar. Em momentos em que esteve aliada ao poder e se assumia no papel de dominadora, ela foi usada de maneira a trazer dor, opressão e morte. Alguns dos crimes cometidos em nome da religião foram as terríveis cruzadas ocorreram entre 1095-1291.

> O surgimento do islamismo, com uma agenda de conquista mundial, levaria inexoravelmente a um confronto de poderes e, assim chegamos as Cruzadas, quando as coroas européias embarcaram sob o patrocínio de Roma na tentativa de recuperar os lugares sagrados do cristianismo das mãos dos "infiéis". Anunciado como um empreendimento missionário, as cruzadas foram muito mais um golpe político e uma aventura militar com objetivos claramente materiais do que um empreendimento espiritual. Com as cruzadas, os papas derivavam a força das potências européias para um inimigo comum, o que diminuía as perdas tremendas em guerras internas entre membros da cristandade. A oferta de perdão dos pecados aos que caíssem em combate se assemelhava, escandalosamente à doutrina dos próprios adversários, que ofereciam o céu aos mortos na *Jihad*. No entanto a mola propulsora dos nobres cristãos não era nem missionária e nem espiritual e sim financeira, pois esperavam recompensas materiais na forma de novas terras e títulos.[76]

Este sangrento e intolerante capítulo da história da religião trouxe conseqüências e verdades que perduram até os dias atuais. Muçulmanos e cristãos se vêm como inimigos mortais ainda hoje, "a verdade que ficou foi a de uma guerra de morte entre essas duas religiões." E assim pode-se afirmar que "essa verdade permanece viva hoje, de forma clara, e tem sido intensificada pelos ataques norte-americanos ao Afeganistão e Iraque"[77]

O uso indiscriminado da religião e do nome de Deus para a dominação política são marcas profundas que precisam ser mantidas na memória para que erros como estes sejam evitados. Além das cruzadas o nome de Deus era usado para legitimar a exploração dos fiéis que se viam presos a sistemas religiosos que se utilizavam de métodos abusivos para extorquir dinheiro destes. A venda de indulgências aos fiéis era usado para "obterem" absolvição dos seus pecados e até mesmo mudança

---

[76] VENTURINI, Joed. "Missões: De Paulo às Cruzadas". Em TYMCHAK, Waldemiro. Op. cit., p. 142.

[77] Ibidem, p.143.

do destino dos entes queridos que já haviam morrido.[78] Ações como essas que os religiosos da época faziam em nome de Deus e da religião, legitimaram o surgimento de críticas como a que Nietzsche, filósofo alemão do final do séc. XIX (1844-1900), faz em relação a "morte de Deus".[79] Pois se tornara inconcebível pra ele, e também pra muitos, que um "deus" como o cristianismo pregava legitimando guerras, exploração e escravidão pudesse estar vivo. Na realidade o deus pregado no ocidente era uma figura criada de acordo com a religião dominante para satisfazer a vontade daqueles que estavam no poder.

Do mesmo modo ainda hoje é necessário que toda a religiosidade que traga efeitos como os apresentados acima seja questionada. As vozes que ainda hoje "falam em nome de um deus" que promove a guerra, a dor e a opressão, precisam mais do que nunca ser criticadas e silenciadas num processo libertário de amor.

Todo aquele que sai em missão precisa ter um mínimo de conhecimento dos erros e acertos cometidos ao longo da história da humanidade. Os erros cometidos podem e devem ser evitados. As dores sofridas pelo ser humano não precisam ser revividas novamente. É possível aprender com os erros que foram cometidos e escrever uma nova história.

> Assim é básico para o comunicador do Evangelho estar consciente das forças que hoje estão moldando as mentes, atitudes e comportamentos da sociedade, a fim de ser relevante na transmissão da mensagem, e causar impacto à sociedade e ao mundo com os valores e mensagem do Reino. Sabemos que a relevância e a aplicação das verdades bíblicas ou a elaboração de uma agenda teológica-missiológica dependerá das circunstâncias cultural, social e política de nossa sociedade e mundo. A teologia não é apenas uma reflexão acadêmica elaborada isoladamente do mundo, pelo contrário, deve ser uma reflexão acadêmica para responder aos desafios da vida. Toda reflexão teológica acontece dentro de um contexto político, econômico e cultural. Não há teologia neutra. O contexto determina a agenda missionária. [80]

Levar o Evangelho que liberta é o grande desafio (Jo. 8:32). Só o evangelho libertador do Reino de Deus vivido por Jesus, é que pode sarar as feridas profundas

[78] CAIRNS, Earle E. op. cit., p. 229.

[79] Nietzsche apud Giuliano em: http://www.eticaefilosofia.ufjf.br/8_1_giuliano.html

[80] FERNANDES, Tomé. op. cit., p. 175.

de uma sociedade que vem em uma caminhada de dor, sofrimento e vazio existencial provocados por uma compreensão equivocada do real sentido da vida.

Do mesmo modo como Deus fez em Jesus, oportunidades de vida em abundância e plena são sempre apresentadas àqueles que se dispuserem a experimentá-las. O Deus de amor infinito sempre esteve presente e ainda continua agir na história humana. Uma prova disto é a experiência vivida em uma pequena aldeia de Guiné por pessoas de realidades sociais e religiosas totalmente distintas que se colocam em oposição entre si. Mas essas pessoas puderam viver ali experiências marcantes da realidade do Reino de Deus que já iniciou e é para todos.

4.1. UM RELATO DE EXPERIÊNCIA PESSOAL, EM TERCEIRA PESSOA, PARA ENTENDER A MISSÃO ENTRE OS SUSSUS.

Em sua experiência vivida no período de dois anos e oito meses dentro de uma pequena aldeia no País de Guiné Conacri, África, o autor, que como missionário recebeu o nome de Alyseni Youla, reflete sobre os desafios enfrentados quando se dispôs a empenhar-se em reconstruir aqueles com quem conviveu.[81]

Segundo o que relata, seguir os princípios encarnacionais que Deus apresenta ao mundo em Jesus, tornou-se um grande desafio pra ele e sua equipe, formada por mais quatro moças. A aldeia composta por aproximadamente novecentas pessoas da etnia Sussu, vive até hoje de uma forma bem primitiva.

Desse modo, foi preciso viver os princípios do Reino nesta simples aldeia onde o povo ainda cozinha no fogo a lenha sobre três pedras. É uma aldeia de agricultores onde a fonte de renda é o plantio do arroz, pimenta, berinjela com poucas variações de outros alimentos. A água que tinham ali era retirada no poço com baldes e não havia sinais de modernidade como telefone, energia elétrica, asfalto ou lojas, mas havia um povo extremamente hospitaleiro. A vida religiosa das pessoas dali é uma mistura de islamismo sincretizado com um animismo fortíssimo. Sua prática religiosa tem como características principais as cinco orações que o

[81] O autor desta pesquisa adotará seu nome africano, para poder relatar as experiências vividas, sem perda de objetividade.

povo observava diariamente, algumas festas que eles guardavam a prática e vários sacrifícios com oferendas de animais e alimentos, utilizados por estes.

Em suma esta era uma aldeia muito simples, muito diferente do país de onde Alyseni Youla viera. Por isto mesmo na sua imersão cultural adotou como primeiro passo morar na aldeia de forma simples e o mais próximo possível do povo. No início sentiu-se como criança sem entender quase nada do dialeto sussu. Como forma de aprendizado da língua e da cultura, trabalhava nas plantações, tornando-se um aprendiz mostrando humildade e abertura para o novo e diferente.

Em razão disto Alyseni Youla e sua equipe eram questionados pelos aldeões que procuravam entender o porquê de jovens brasileiros deixarem seu país, família e conforto, para morarem em uma aldeia simples e sem nenhum conforto. O simples fato de não se mostrarem superiores, mas pelo contrário mostrarem um amor que dignificava aquele povo tocava o coração das pessoas de lá. Após um período de quatro meses, quando já podiam se comunicar na língua do povo, Alyseni e seu grupo respondiam seus questionamentos, falando-lhes do amor de Deus em Jesus para com a humanidade e que era isto que se esforçavam para compartilhar com eles através da convivência. O princípio da encarnação—segundo o modelo missionário de Jesus, que mergulhou na cultura do povo—já começava a gerar frutos bem antes de Alyseni poder usar as palavras para fazer as costumeiras pregações usadas na missão cristã. A prática do evangelho antecedeu a sua explanação teórica.[82]

O povo se sentia tocado por verem cinco jovens que se esforçavam para aprender sua língua e costumes, jovens que mesmo sem nenhuma experiência se dedicavam a aprender e a trabalhar com a terra como eles faziam. Ao compartilhar com o povo de suas comidas típicas—seus pratos principais eram arroz com folhas de mandioca ou de batata doce, temperadas com muita pimenta e óleo de palma—enfrentar algumas malárias e mesmo assim continuar a viver a prática do amor, vidas eram tocadas por valores do Reino. O amor de Deus curava feridas abertas na alma daquele povo marcado pelo sentimento de inferioridade causado pela desumanizante escravidão e espoliação sofrida por seus antepassados no decorrer da história. Assim como outras curas e milagres do amor que Deus perpetrou

---

[82] HOUSTON, James M. op. cit., p. 19.

através da vida, e na própria vida, daqueles a quem Ele privilegiou em participar de tão grande missão.

Por todo o período em que morou na casa do chefe da aldeia, Alyseni pôde concluir que os princípios da contextualização—uma maneira de expressar a verdade do evangelho em categorias conceituais entendidas pelo povo e comunicadas de maneira culturalmente apropriada—e associação—veja pág. 32— trazem grande impacto na relação com aqueles que pretende-se investir na reconstrução. A identificação do povo para com o grupo tornou-se notória na maneira como o consideravam não mais como estrangeiro e sim como parte deles.

Uma mudança significativa observada por Alyseni na vida da aldeia deu-se em relação às crianças. Ao utilizar-se de seus talentos musicais com um violão, Alyseni iniciou por compor uma canção cuja letra instruía as crianças com conceitos morais. A partir daí outras pequenas canções foram compostas e tão grande foi o sucesso que as crianças se abriam para as verdades que as canções traziam. O resultado foi uma significativa transformação nas atitudes daquelas crianças que já não se envolviam mais em brigas, deixando de lado também os insultos e respeitando aos seus pais e uns aos outros. Ao observarem estas crianças, as pessoas que vinham da capital, Conacri, questionavam o grupo sobre a razão pela qual as crianças da aldeia se comportavam de maneira tão diferenciada, adotando uma postura tão admirável.

As próprias crianças utilizavam as canções para relembrar a outra criança sobre aquilo que era bom ou não de se fazer. Enfim, através de simples canções, compostas em meio a um processo onde o amor era a tônica maior, a imagem de Deus estava sendo reconstruída naquelas crianças que assim eram inseridas nos valores do Reino de Deus. O Reino do amor, da igualdade, da fraternidade, do respeito e da Salvação que não é só futurística, mas sim uma realidade que se vive no presente e de maneira transcendente aponta para a eternidade com Deus. Os próprios pais das crianças tinham suas canções preferidas, dentre as compostas pelos missionários, e faziam questão de solicitá-las nas noites em que as crianças se reuniam na varanda da casa missionária para cantarem e aprender com histórias bíblicas, ressaltando que em alguns períodos isto se dava quase todas as noites das semanas.

Na vida do povo pode-se observar o impacto que causou a utilização de alguns projetos. Alyseni e seu grupo puderam desenvolver atividades nas áreas da educação , da saúde, esportes, trabalhos manuais, teatro, música e outros mais. Ao priorizarem desenvolver todas as atividades com o máximo de recursos que se podiam obter na região, eles criaram projetos que podiam ser reproduzidos pelos aldeões assim que saíssem de lá, e foi o que aconteceu. Em todos os projetos que desenvolveram, foram escolhidas pessoas da aldeia para estarem de frente junto com o grupo e assim estes foram treinados. Diariamente as pessoas da aldeia estavam em contato direto com os missionários.

Em razão disso, o discipulado já estava acontecendo antes mesmo que as pessoas se convertessem ou se batizassem. Os valores do Reino já estavam sendo compartilhados bem antes do estabelecimento do tradicional "templo evangélico" ser erguido como quase sempre se faz na tradicional missão ocidental. A igreja estava sendo plantada nos corações daqueles que estudavam a palavra de Deus e por ela eram alcançados. E algo que vale ressaltar é que a visão da utilização dos projetos sociais, não era pra atrair as pessoas, ou para servir de isca. Muito pelo contrário, o pensamento era utilizar a prática que os projetos permitiam para através dela vivenciar valores do Reino que não há como serem teorizados.

Quando o grupo missionário se dispôs a viver a experiência de trabalho principal da aldeia, um grande desafio se iniciou. A temporada do plantio do arroz, que é a base da alimentação deste povo, é desenvolvida entre abril e novembro, todos os anos. Os meses iniciais deste período são de esforço extremo e influenciam toda a rotina dos aldeões. É o período de intensas chuvas e com ela vem as muitas malárias e gripes. O povo da aldeia vivencia este momento intensamente, quando todos os membros da família precisam ser responsável por algumas das fatigantes atividades. Neste período, mesmo os jovens que estudam na capital do país precisam voltar à aldeia em seus meses de férias para o trabalho extenuante.

Por isso mesmo quando os missionários iniciaram o processo de plantio, adquirindo o arroz que seria usado na sementeira e também a aquisição do campo onde seria plantado este arroz, muitos foram os conselhos do povo para abandonarem esta idéia. O que estava por traz disto era plena convicção que o povo tinha de que este era um serviço para africanos. Para eles os trabalhos de estrangeiro eram só as atividades de muito dinheiro e pouco esforço físico. O forte sentimento de inferioridade sempre era explicitado nestas ocasiões. Os resquícios da "minimização de seres humanos" consequentes da era da escravidão, ainda fazem suas vítimas naquele continente.[83]

Para viver esta experiência era necessária muita força de vontade por parte do grupo de jovens missionários, pois o preconceito, o cuidado e a resistência por parte do povo eram enormes. Mas o interesse maior do grupo de missionários era justamente lutar contra os pressupostos errôneos do povo, e mostrar que como seres humanos todos são iguais e possuem a mesma origem como criatura de Deus. As diferenças que para o povo tornavam os missionários como superiores, precisavam ser esclarecidas e desmitificadas. Os missionários entenderam que estas atitudes tinham raízes muito mais profundas e que eram marcas das falsas afirmações utilizadas ainda no tempo da escravidão e colonização.

Por outro lado este pensamento podia ser observado na maneira do povo encarar outros aspectos da vida também e influenciava negativamente na recepção ao evangelho. Da mesma forma que o trabalho do estrangeiro não é o mesmo do africano, para eles, a religião ou qualquer compartilhar do estrangeiro nesta área, também não o são. Desse modo quando os missionários procuravam compartilhar o evangelho, logo se deparavam com afirmações a respeito de religião do "branco" e do "negro". Nem ao menos eles consideravam que o próprio Islamismo lhes fora imposto através de guerras, sendo seus precursores os árabes, que não eram negros.

Isto ainda revelava um profundo sentimento de inferioridade nas áreas da educação, da inteligência e mesmo da beleza. Diante disto, para os missionários que já estavam ali um bom tempo e podiam perceber o que realmente significava a resistência do povo, era necessário que estas inverdades fossem extintas.

Com muito esforço da parte dos missionários, eles puderam por em prática aquilo que almejavam. O trabalho era de fato extremamente difícil, quando tiveram que preparar o terreno retirando as ervas daninhas, ou no momento de arar a terra com uma junta de bois, ou revirar todo o campo com enxadas e no transplante do arroz. Em vista da disposição do grupo, vários moradores da aldeia se dispuseram a estar junto a eles em todo o processo. O clima que se estabeleceu a partir daí era

---

[83] FREIRE, Paulo. *Pedagogia da Autonomia. p. 38.*

de profundo respeito e admiração. O conhecimento deste feito ultrapassou as fronteiras da aldeia e da região. Onde iam na região, os jovens eram bem recebidos pelo povo e pelos chefes, por causa da prática libertadora do amor ensinado por Deus em Jesus.

Por fim, com muito sacrifício, o campo foi todo plantado. Nisto mitos caíam por terra, estrangeiros e africanos estavam vivendo como iguais, jovens que deixaram seus familiares em suas pátrias estavam afirmando através de atitudes de amor que pessoas de uma simples aldeia lá no interior da África tinham o mesmo valor que qualquer outra em qualquer lugar do mundo.

A consequência de ações libertadoras como esta foram as decisões do chefe da aldeia de pedir aos jovens missionários que instruíssem as crianças e os jovens para serem exatamente como eles em todas as áreas. Já não viam o grupo como pessoas de uma religião diferente, mas como pessoas que viviam uma verdade profunda, impactante, e que despertavam neles a vocação de que o "ser mais" é expressão da natureza humana, como um todo, e não de alguns povos somente.[84]

A experiência de viver entre o povo sussu foi considerada um motivo de alegria e prazer, por ser este um povo extremamente hospitaleiro, feliz e de muitas qualidades. Porém, como foram observadas pelos missionários, algumas outras práticas do povo, revelavam a distorção da imagem do Deus de amor na vida destes. Além das convicções do povo que revelavam a condição do "ser menos" como uma realidade dada por Deus para o africano e por isso mesmo imutável.[85] Isto revelava um fatalismo em relação a qualquer aspecto negativo da vida, pois como afirmavam, era Deus quem determinava o bem e o mal para todos e nada podiam fazer pra mudar a realidade. O povo ainda possuía a prática opressora de se crerem como obrigados a orar cinco vezes por dia na mesquita em uma língua não dominada por eles. A língua em que as orações precisavam ser feitas era o árabe, a língua do profeta do Islã, Maomé. Logo, a crença disseminada entre eles é que Alah só ouve a oração que é feita em árabe, mesmo que aquele que está orando não saiba o que está falando. E esta era a condição do povo, que não sabe o árabe, mas precisa orar nesta língua. Uma crença que vem reforçar o pensamento

---

[84] Ibidem, p. 30.

[85] FREIRE, Paulo. *Pedagogia do Oprimido.* p. 16.

de “ser menos” em um povo criado por Deus. Para eles sua língua é inferior ao árabe e Deus não receberia as orações feitas em sussu.

Em vista disso, difícil era a luta do grupo de missionários para pôr em prática a devolução da “humanidade roubada” neste processo de desumanização provocado por opressores também desumanizados.[86] Era em práticas como aprender a língua do povo, ler as escrituras e fazer as orações no dialeto, que os missionários viram o povo despertar-se para o valor de sua própria língua. Desse modo os missionários procuravam convencê-los de que o dialeto sussu também fora criado por Deus, e que, Ele os podia atender se orassem de coração em sua própria língua.

Outro aspecto cultural-religioso que evoca uma necessidade urgente de mudança, é o ritual da incisão praticada na cultura do povo sussu em Guiné. A incisão feminina conhecida também como MGF (Mutilação Genital Feminina) é uma prática antiga nesta cultura que também praticam a circuncisão masculina, ambos como rito de passagem.

> A expressão “mutilação genital feminina” (também chamada “corte dos genitais femininos” e “mutilação genital feminina / corte”) refere-se a todos os procedimentos que envolvam a remoção parcial ou total dos órgãos genitais externos ou quaisquer danos infligidos aos órgãos genitais femininos por motivos não médicos. Estima-se que entre 100 e 140 milhões de meninas e mulheres em todo o mundo tenham sido submetidas a estes processos e que, anualmente 3 milhões de meninas corram o risco de sofrer uma mutilação genital. Há registro da prática de mutilação genital feminina por todo o globo, embora predomine nas regiões do Oeste, Leste e Nordeste de África, em alguns países na Ásia e Médio Oriente e entre certas comunidades de imigrantes na América do Norte e Europa.[87]

A MGF tem sido intensamente combatida em vários países, pois é identificada como causadora de danos irreparáveis às meninas a ela submetidas. Porém no contexto em que Alyseni conviveu, a realidade em relação a MGF encontrada por ele e seu grupo foi de que esta era uma prática comum para todos e até mesmo desejada pelas próprias meninas. Mesmo sendo considerada como crime contra as mulheres por várias organizações que defendem os direitos humanos, esta prática persiste e é buscada com grande interesse por aqueles que a praticam.

---

[86] Ibidem, p. 16.

[87] http://whqlibdoc.who.int/publications/2008/9789241596442_por.pdf p.6

> As próprias meninas podem desejar ser submetidas às intervenções, como resultado da pressão social a que estão sujeitas pelos seus pares e compelidas pelo medo de estigmatização e rejeição pelas suas comunidades, caso não sigam a tradição. Para além disso, em alguns locais são concedidas recompensas como celebrações, reconhecimento público e ofertas (Behrendt, 2005; UNICEF, 2005a). Consequentemente, nas culturas em que é praticada de forma generalizada, a mutilação genital feminina tornou-se uma parte importante da identidade cultural de meninas e mulheres e pode mesmo transmitir um sentido de orgulho, de maturidade e de integração na comunidade. É frequentemente expectável que os homens casem apenas com mulheres que tenham sido submetidas à prática. O desejo de um casamento segundo os trâmites instituídos, frequentemente um factor essencial na segurança económica e social, bem como na satisfação de ideais de ser mulher e feminilidade, poderá ser responsável pela persistência da prática. Algumas das restantes justificações apresentadas para a mutilação genital feminina estão igualmente relacionadas com as competências casadoiras das meninas e consistentes com os requisitos necessários a uma esposa "adequada".[88]

Do mesmo modo podia-se observar que as meninas da aldeia, embora demonstrassem certa apreensão, elas se mostravam uma expectativa positiva para viverem este ritual.

Outra consideração que pode ser feita é que mesmo sendo um costume fazer a circuncisão em homens e mulheres, os efeitos sobre ambos é diferenciado. A diferença está no fato de que "a circuncisão (masculina) apresenta vantagens significativas para a saúde que ultrapassam o baixo risco de complicações quando executada, em condições de higiene, por profissionais devidamente equipados e formados."[89] Mas no caso das mulheres as conseqüências são irreparáveis. É preciso ressaltar que esta prática ali é vista como necessária e indispensável para o bem de todos. E quando a realizam eles são motivados por boas intenções.

Por conseguinte, para o início do ritual, na aldeia eram utilizados instrumentos não profissionais para fazer os cortes necessários. Por ser uma prática proibida oficialmente pelo governo, os rituais não pode ser realizados nos Postos de Saúde que lá existem. São feitos por curandeiras e mulheres mais velhas que detêm algum conhecimento no uso das ervas medicinais.

---

[88] Ibidem, p. 8.

[89] Ibidem, p. 13.

As meninas passam por um período de 30 à 40 dias de cicatrização, período este em que se podia observar o terrível sofrimento e dor por que passavam. E como parte do ritual, neste tempo em que elas ficam envoltas em panos e separadas do restante da comunidade, elas recebem conselhos e ensinamentos das mulheres mais velhas.

De acordo com pesquisas realizadas, sabe-se que dentre as conseqüências da MGF estão dor intensa devido ao corte de terminações nervosas e de tecido genital, sangramento excessivo e choque séptico, dificuldades na eliminação de urina ou fezes, morte por hemorragia, infecções diversas incluindo tétano e septicemia, dor crônica, infecções do aparelho reprodutivo, incontinência urinária, relações sexuais dolorosas. Há também as complicações no parto, perigo para os recém nascidos, além de outras inúmeras consequências a curto ou longo prazo e também as de ordem psicológica. [90] Ao término dos dias de recuperação mínima das meninas, elas saem pelas aldeias a cantar e tocar alguns instrumentos da cultura, anunciando assim que haviam passado pelo ritual. Neste momento já estavam com roupas e adereços novos que ganharam de seus familiares, e ao saírem ganhavam dinheiro e mais presentes como reconhecimento da nova posição adquirida na sociedade.

A leitura que Alyseni Youla faz desta situação é que somente a verdade pura e simples do evangelho integral pode trazer a libertação para o povo Sussu. Eles precisam conhecer a verdade que liberta e verdadeiramente se tornarem livres e humanizados de acordo com os propósitos de Deus para a humanidade (Jo. 8:32-36). Não seria a mudança de religião ou a confissão religiosa de Jesus como Senhor que mudariam de forma eficaz a realidade deste povo, mas sim um evangelho integral baseado na verdade libertadora do amor de Deus.

4.2. UMA VISÃO REINTERPRETADA NA DINÂMICA DA MISSÃO DE DEUS - PROPÓSITOS DIVINOS PARA O POVO SUSSU.

Dentre tudo o que foi vivido por Alyseni e seu grupo na aldeia, o relato feito pelo chefe de uma experiência que envolvia seu pai, mostra como Deus já estava

---

[90] http://www.apf.pt/cms/files/conteudos/file/folhas%20de%20dados/MGF2009. p. 5.

em missão na vida daquele povo bem antes da chegada de qualquer missionário naquela aldeia. Esta experiência se assemelha com as características do momento da história em que Paulo denominou a "plenitude dos tempos" quando Deus usa vários fatores históricos e revelações para que em um momento posterior as pessoas fossem impactadas pela chegada do evangelho através de vidas usadas por Ele (Gl. 4:4-5). Ao escutar a forma como algumas décadas antes Deus já agia em prol da salvação dos Sussus daquela região, muito antes dos missionários que por lá passaram, sequer pensarem em se envolver com missões transculturais.

A forma como se deu tudo isto foi compartilhada pelo chefe doze anos após o estabelecimento da missão na aldeia. O que motivou o chefe para revelar o ocorrido com seu pai, que fora o antigo chefe, foi um sinal de telefonia celular que puderam encontrar com um aparelho que os missionários doaram para aldeia. Este sinal só foi possível obter no local que o chefe havia doado para a construção de um templo evangélico. O sinal foi procurado em vários pontos de toda aquela região, mas só no terreno doado é que podia ser encontrado. A conclusão do chefe foi de que Deus estava confirmando mais uma vez que as portas deviam ser abertas ao evangelho, pois Ele estava ratificando que a mensagem que os missionários estavam trazendo era realmente da parte do próprio Deus.

Em vista desta situação o chefe resolveu compartilhar que por volta de cinco décadas passadas, quando ele ainda era um menino, seu pai lhe levara a uma parte da aldeia de onde se podia ver uma vasta área plana de terra. O pai relata ao filho, que tivera uma visão onde lhe foi mostrado que dentro de algum tempo ali mesmo onde estavam, viriam estrangeiros habitar entre eles, e fariam ali suas casas. Estes estrangeiros, de pele clara e de terras muito distante, viveriam com eles como se fossem irmãos e lhes trariam conhecimento de algumas verdades que seriam importantes para eles.

Outra parte da visão era de uma grande árvore que nascia dentro da aldeia, frondosa e frutífera, cujos ramos cresceram tanto que suas folhagens se estendiam por sobre as outras aldeias em redor trazendo pra elas conforto e refrigério.

Desse modo, o chefe guardou aqueles relatos em seu coração e só doze anos após a chegada dos primeiros missionários e estrangeiros que eles tiveram contato é que resolveu dizer, por crer que estes eram realmente o cumprimento daquilo que seu pai havia visto. A partir daí o chefe se pôs a relacionar que os jovens missionários com seu modo de vida encarnacional, sua abnegação, contextualização e outras características mais, só podiam realmente ser aqueles que Deus havia revelado a seu pai.

A aldeia mesmo que ainda não se declare como cristã, já tem sido uma aldeia missionária e discipuladora levando o testemunho do Evangelho para as aldeias em redor. Filmes evangelísticos na língua Sussu são levados as outras aldeias por intermédio deste povo e são seus membros que fazem toda a divulgação a respeito do que está sendo levado. Esta aldeia tem se comportado como uma árvore que estende seus ramos por sobre as outras, ao levar saúde possibilitando que os outros venham de longe para serem atendidos em sua clínica médica e dali saem com porções da palavra de Deus em livros ou em áudio.

As pessoas de outras aldeias vão ali somente para buscar livros da Bíblia ou estudá-la. Esta aldeia é vista como mediadora de um eficaz projeto de escavação de poços, que iniciou ali e se estendeu as outras aldeias, possibilitando a obtenção de água com melhor qualidade para boa parte da região.

Nisto tudo, o que intrigava o chefe era como aqueles estrangeiros puderam sair de tão longe, passarem por tantos vilarejos, ou aldeias maiores onde poderiam ter ficado e foram se instalar justamente naquela que era uma das menores da região. A conclusão que ele chegou, é que Deus já estava agindo, Deus estava preparando e utilizando tudo para fazer algo grandioso na vida do povo da aldeia e através dele. Em suas conversas com o missionário, o chefe afirmava que para ele e para boa parte da aldeia foi Deus quem escolheu a aldeia para cumprir um grande propósito.

Alyseni e os outros missionários concluíram que de maneira surpreendente estavam fazendo parte de algo que transcendia seus planejamentos e intenções missionárias. Eles reconhecem que nesta missão de viver entre o povo Sussu, eles são cooperadores com Deus naquilo que Ele está realizando entre este povo.

Do mesmo modo que esta experiência se harmoniza com o conceito de plenitude dos tempos, para os missionários que a viveram, ela também se mostra de acordo com o conceito de "missio Dei", sobre o qual Bosch discorre da seguinte maneira:

> Não é possível negar que a noção de *missio Dei* tenha ajudado a articular a convicção de que nem a igreja e nem qualquer outro agente humano pode,

> alguma vez, ser considerado o autor ou o portador da missão. Ela é, primordialmente e em última análise, a obra do Deus Triúno, Criador, Redentor e Santificador por amor ao mundo, um ministério do qual a igreja tem o privilégio de participar. A missão possui sua origem no coração de Deus. Deus é uma fonte de amor que envia. Esse é o manancial mais profundo da missão. É impossível penetrar mais fundo; existe missão porque Deus ama as pessoas.[91]

Em suma, o Deus missionário, que está interagindo na historia da humanidade, se revela a um povo simples de uma remota aldeia africana de maneira impactante dando a este povo e aos missionários envolvidos nesta experiência a convicção de que foram alvos de um amor que transcende toda compreensão humana, O imensurável amor de Deus.

5. Conclusão

Entender a missão de Deus na história da humanidade torna-se o grande desafio daquele que pretende vivenciar e provocar a transformação do mundo e de todos os seus componentes.

Tornam-se limitadas as ações daqueles que se propõem a reconstruir um mundo melhor mas que não conseguem compreender que o próprio Criador do universo já se encontra em missão desde que o homem se desviou de seus propósitos.

> Quando buscamos entender a missão integral, estamos buscando entender a missão de Deus. Porque, como esse texto diz (e o dizem todos os teólogos, todos os missiólogos), quem está em missão é Deus. E nós somos chamados a participar com Deus como adjutores, cooperadores na missão de Deus. E dizer que a missão é integral significa dizer que a

[91] BOSCH, David. op. cit., p. 470.

> missão de Deus envolve todos os elementos da Criação, da existência, da realidade vivida, da realidade percebida e da realidade construída.[92]

A compreensão da natureza integral da missão de Deus traz um novo olhar para a condição do mundo, tornando possível enxergar que em meio ao caos há possibilidades infinitas da vida novamente acontecer. Esta compreensão leva aquele que pelo evangelho foi reconstruído a se envolver na missão que por Deus está sendo realizada e como cooperador, este se propõe a reconstruir aquilo que destruído foi.

Sem o entendimento de que a missão é de Deus, de onde ela começou e como tem sido o seu desenrolar na história, as ações humanas se tornam vazias. Desse modo as obras realizadas para suprir as carências sociais da humanidade se transformam em assistencialismo barato e o que for feito para alcançar a dimensão espiritual humana se transforma em religiosidade vazia.

Por isso mesmo a pessoa que se pretende como agente de transformação da realidade atual necessita entender o seu papel e função nesta missão, ao mesmo tempo em que compreende a atuação de Deus em Jesus e através do Espírito Santo. Em princípio é a concepção correta da missão e do papel de cada um na sua execução, que vai determinar o seu sucesso na reconstrução de vidas e consequentemente também do universo. A pretensão de agir em prol de um mundo melhor, embora tenha o seu valor, ela se torna uma ação um tanto quanto limitada até mesmo ineficaz quando está desvinculada dos reais ideais do Deus da missão. Seja a pretensão daqueles que agem por motivações religiosas, ou daqueles que o fazem por uma ética secular.

Em razão disso é preciso que se saiba que o Deus da Criação, que tudo criou, entrou em missão após a queda humana frente ao pecado. O ser humano que fora criado a imagem e semelhança do Criador perde sua originalidade e inicia sua caótica caminhada de distanciamento do único que realmente pode reconstruir aquilo que foi destruído pelo pecado. De acordo com este pensamento Bonhoeffer afirma que:

---

92 http://www.irmaos.com/ariovaldoramos/artigos?id=1963

> O homem criado sendo imagem do Deus não criado. Espera-se que leve consigo este mistério- o de ser criatura de Deus e Igual a Deus- em gratidão e obediência. Esta foi a mentira da serpente convencendo a Adão que ele ainda teria que tornar-se igual a Deus, e isto por iniciativa e decisão proprias. Aconteceu que Adão rejeitou a graça e ficou com a iniciativa própria. Adão queria por si próprio resolver o mistério de sua natureza. Queria conseguir ser, por iniciativa própria, o que da parte de Deus já ele era. Essa foi a queda. O homem perdeu sua natureza própria, a imagem de Deus, que por Deus lhe havia sido dada. Vive daí por diante, alienado de sua destinação verdadeira - a de ser como Deus. O homem vive sem ser homem. Tem que viver sem ter condições de vida. Essa é a dialética de nossa existência e a fonte de toda a desgraça.[93]

Enfim é na queda humana que toda a criação se vê sofrendo as conseqüências daquilo que foi a fonte da desgraça de tudo o que fora criado. Se a abrangência da queda foi universal, do mesmo modo deve ser o impacto da missão, ela deve transformar e reconstruir todos os elementos da criação quantos forem possíveis.

Por outro lado a graça do Deus que se põe em uma missão de redenção, se torna notória no desenrolar da história universal. Um Deus que sempre esteve presente seja na história dos patriarcas de Israel, na história do próprio povo Judeu, no contato com outras nações conforme relata a Bíblia ou mesmo conforme a experiência vivida pelos missionários que trabalharam entre o povo Sussu em Guiné

Desse modo Deus, que está em Missão e que está a revelar a sua graça ao mundo, é o Deus que:

> Transforma-se em carne humana, a despeito da queda do homem, a despeito do pecado do homem. A despeito dos nossos preconceitos contra nós mesmos, contra a nossa depreciação própria como seres decaídos, Deus em Cristo, encarna como ser presente e real, e reconcilia consigo mesmo o homem, o mundo. Por que? Porque Deus não se cansa de buscar a Sua criatura, criada à Sua própria imagem e semelhança !!! [94]

Em vista disso é necessário compreender que o ser humano ao ser reconstruído novamente a imagem e semelhança de Deus em Jesus através do Espírito Santo, deve ter em mente que a missão que ele deverá viver e desenvolver, precisa ser integral pois toda a natureza sofre as conseqüências da queda.

---

[93] BONHOEFFER, Dietrich. op. cit., p. 189.

[94] http://spedroapostolo.anglicanarj.org/aigreja.html

> [19] A ardente expectativa da criação aguarda a revelação dos filhos de Deus.
> [20] Pois a criação está sujeita à vaidade, não voluntariamente, mas por causa daquele que a sujeitou, [21] na esperança de que a própria criação será redimida do cativeiro da corrupção, para a liberdade da glória dos filhos de Deus. [22] Porque sabemos que toda a criação, a um só tempo, geme e suporta angústias até agora. [23] E não somente ela, mas também nós, que temos as primícias do Espírito, igualmente gememos em nosso íntimo, aguardando a adoção de filhos, a redenção do nosso corpo. [24] Porque, na esperança, fomos salvos. Ora, esperança que se vê não é esperança; pois o que alguém vê, como o espera? [25] Mas, se esperamos o que não vemos, com paciência o aguardamos (Rm. 8:19-25).

Por fim, se toda a criação sofre as conseqüências da queda, toda a criação deve também ser transformada pela prática de um evangelho que produz vida e restauração. Logo, o discípulo de Cristo, aquele que foi reconstruído a imagem de Deus através da ação do Espírito Santo, precisa ser inserido na dinâmica da missio Dei e entender que o alvo de Deus é transformar vidas e toda a criação.

> A missão envolve tudo o que é Criação, e dela não escapa nada, portanto, não há nenhum elemento presente na Criação que não tenha de ser recuperado à luz da missão de Deus. E isso inclui política, ecologia, economia. Não há elemento dentro do escopo da Criação que escape da missão de Deus, portanto, não há nada que não tenha de ser recuperado. Isso significa que não há coisa alguma sobre a qual Deus não tenha uma palavra a dizer, um propósito a apresentar, um objetivo a propor. E estar em missão é cooperar com Deus na sua missão. Isso significa estar envolvido em todas as dimensões contempladas pela Criação, que são todas! Porque o único ser que não precisa da missão de Deus é Deus. Todos os demais seres precisam da missão de Deus; todos os demais relacionamentos precisam da missão de Deus; todas as implicações da vida, da existência precisam da missão de Deus, precisam que Deus cumpra a sua missão.[95]

Para que o mundo seja melhor, é preciso que as pessoas do mundo estejam em harmonia com o Criador do mundo. Isto é possível através de Jesus que por meio do Espírito Santo atuando no ser humano pode reconstruí-lo a imagem de Deus tornando-o um agente de transformação de outras vidas e de toda a criação.

---

[95] http://www.irmaos.com/ariovaldoramos/artigos?id=1963

6. REFERÊNCIAS BIBLIOGRÁFICAS

BOFF, Leonardo. *Paixão de Cristo - Paixão do Mundo. Os fatos, as interpretações e o significado ontem e hoje.* Petrópolis, RJ: Vozes, 1977.

BONHOEFFER, Dietrich. *Resistência e Submissão.* São Leopoldo, Editora Sinodal, 2003.

BOSCH, David J.. *Missão Transformadora: mudanças de paradigma na teologia da missão.* São Leopoldo: Sinodal, 2003.

BULTMANN, Rudolf. *Jesus.* 3 ed. Trad. Nélio Schneider. São Paulo: Teológica, 2005.

CAIRNS, Earle E.. O cristianismo através dos séculos: Uma história da igreja cristã. Trad. Israel Belo de Azevedo. 2 ed. São Paulo: Vida Nova, 1995.

CARRIKER,Timóteo; *A visão missionária na Bíblia: Uma história de amor.* Viçosa: Ultimato, 2005.

COLEMAN, Robert E.. *O Plano Mestre de Evangelismo.* Trad. João Marques Bentes 7 ed. São Paulo: Mundo Cristão, 1969.

CUNHA, Mauricio José da Silva. *O Reino Entre Nós: transformação de comunidades Pelo Evangelho Integral.* Viçosa, MG: Ultimato, 2003.

DEBARROS, Aramis C.. *Doze homens, uma missão.* Curitiba: Luz e Vida, 1999.

FREIRE, Paulo. *Pedagogia da Autonomia.* 25 ed. Rio de Janeiro: Paz e Terra, 2002.

FREIRE, Paulo. *Pedagogia do Oprimido.* 17 ed. Rio de Janeiro: Paz e Terra,1987.

HENDRIX, Howard. *Ensinando para transformar vidas*. Rio de Janeiro: Betânia, 1991.

HOUSTON, James M. *Mentoria Espiritual*. Rio de Janeiro: Sepal Textus, 2003.

STIER, Jim.; POOR, Richlyn.; ORVIS, Lisa. *Venha o Teu Reino*. Trad. Andréa C. Aparício. AlmiranteTamandaré, PR: Jocum Brasil, 2008.

TYMCHAK, Waldemiro. *Missões em um mundo sem fronteiras*. Rio de Janeiro: Juerp, 2004.

BÍBLIAS

BÍBLIA. Português. BÍBLIA SAGRADA.Edição Revista e Atualizada. Trad. João Ferreira de Almeida. Barueri, SP: Sociedade Bíblica do Brasil, 2002.

INTERNET

ALMEIDA, Giuliano. "Nietzsche e a morte de Deus". Disponível em: <http://www.eticaefilosofia.ufjf.br/8_1_giuliano.html> Acesso em: 05 de setembro de 2009.

ESTADÃO. "Numero de favelas no mundo pode triplicar, alerta ONU."Disponível em: <http://www.estadao.com.br/noticias/internacional,numero-de-favelas-no-mundo-alerta-onu,347294,0.htm> Acesso em: 18 de julho de 2009.

FRADE, Alice. "*Mutilação Genital Feminina*" Disponível em:

<http://www.apf.pt/cms/files/conteudos/file/folhas%20de.dados/MGF2009.pdf>. Acesso em: 24 de agosto de 2009.

GLOBO. "*Japão estuda o motivo das altas taxas de suicídio*' Disponível em: <http://g1.globo.com/Noticias/Mundo/0,,MUL58825-5602,00 > Acesso em: 20 de setembro de 2009.

MENDES, Aroldo. "*A Missão da Igreja é a Transformação da Sociedade*". Disponível <em: http://spedroapostolo.anglicanarj.org/aigreja.html> Acesso em: 05 de julho de 2009.

OMS, Organização Mundial da Saúde."*Eliminação da Mutilação Genital Feminina*". Disponível em:< http://whqlibdoc.who.int/publications/2008/97892415964 2_por>. Acesso em: 24 de agosto de 2009.

RAMOS, Ariovaldo. " *A missão de Deus é Integral.*" Disponível em: <http://www.irmaos.com/ariovaldoramos/artigos?id=1963 >. Acesso em: 5 de Julho de 2009.

WIKIPEDIA. "*Suicídios No Mundo*". Disponível em: <http://pt.wikipedia.org/wiki/Suic%C3%AD>Acesso em: 15 de setembro de 2009.

______. "Primeira Guerra Mundial". Disponível em:<http://pt.wikipedia.org/wiki/ Primeira_Guerra_Mundial>. Acesso em: 11 de setembro de 2009.

______. "Primeira Guerra Mundial". Disponível em:<http://pt.wikipedia.org/wiki/ Segunda_Guerra_Mundial>. Acesso em: 11 de setembro de 2009.

Printed by Books on Demand GmbH, Norderstedt / Germany